KB185418

트럼프 2.0 시대

글로벌 대격변이 시작된다

TRUMP 2.0 ERA

트럼프

20

시 글로벌 대

글로벌
대격변이
시작된다

박종훈 지음

글로퍼스

차례

TRUMP 2.0 ERA

TRUMP 2.0 ERA

왜 언론은 트럼프 당선 예측에
또다시 실패했을까?

2024년 11월 제47대 미국 대통령으로 도널드 트럼프가 당선됐습니다. 바이든의 후보 사퇴 이후 대선 기간 내내 국내의 언론은 해리스 대세론이 압도적이었고, 대선 직전까지도 해리스의 우세 속에 트럼프가 추격하고 있다는 예측이 대부분이었지만 결국 트럼프가 대선 승리를 거머쥐었습니다. 2016년 미국 대선 당시 힐러리의 승리를 호언장담했던 언론들이 트럼프의 당선에 충격과 당혹스러움을 금치 못했던 그때와 유사한 상황이 2024년에 다시 한번 재현된 것입니다. 도대체 왜 이렇게 된 것일까요?

이유는 간단합니다. 미국은 언론의 이념적 양극화가 심하기 때문에 어떤 기관이 여론조사를 실시했느냐에 따라 결과의 편차가 매우 큽니다. 따라서 언론사별 정치적 편향성을 고려하여 어떤 결과값이 가장 객관성이 높고 정확한 데이터인지에 대한 판단이 필요합니다. 여론조사를 수행하는 기관에 따라 결과가 달라지는 현상을 '하우스 이펙트House Effect'라고 합니다. 여론조사를 의뢰한 언론사를 밝히고 시작하는 순간 반대 지지자들은 조사에 참여하지 않을 가능성이 높기 때문에 최근에는 여론조사를 의뢰한 언론사 이름을 아예 밝히지 않는 경우도 많습니다. 그렇다고 해도 언론사가 의도적인 질문 하나만 끼워 넣으면 결과가 완전히 달라지기 때문에 여전히 하우스 이펙트가 여론조사 결과를 오염시키는 경우가 많습니다.

예를 들어 여론조사 중간에 "트럼프가 이민자들이 개와 고양이를 잡아먹고 있다는 발언을 했는데 어떻게 생각하십니까?"라는 질문을 하나만 넣어도 트럼프 지지자들은 전화를 끊어 버릴 가능성이 높아집니다. 그러면 응답자가 여론조사를 완료한 것이 아니기 때문에 대체로 표본에서 제외하겠죠. 실제로 CBS가 9월 20일 실시한 여론조사에는 총 59개의 질문이 들어가 있었는데 46번째에 트럼프의 개, 고양이 질문을 넣어 놨습니다. 충성도 높은 트럼프 지지자가 이 질문에서 전화를 끊어 버리면 나머지 14개 문항에 답변하지 않았기 때문에 여론조사에서 아예 제외될 가능성이 높습니다. 이런 하우스 이펙트 때문에 여론조사에 응답하는 표본 집단 자체가 보정이 가능한 수준을 넘어 굉장히 편향적일 수 있다고 생각했습니다.

그런데 NBC나 ABC 등에서 거의 공개적으로 해리스를 지지하는 여론조사 결과가 나오면 우리나라 언론들 역시 해리스의 지지율이 트럼프를 압도하고 있다고 그대로 대서특필하니, 국민들이 자연스럽게 해리스가 대세라고 오해할 수밖에 없었던 것입니다. 그러나 NBC나 ABC와 같은 전통적인 미디어, 즉 레거시 미디어Legacy Media는 이미 2016년과 2020년 대선에서 연거푸 엄청난 오차를 냈던 곳입니다. 대표적으로 NBC는 대선을 한 달 앞둔 2016년 10월 13일 여론조사에서 힐러리 클린턴이 트럼프에게 11%p나 앞선다고 보도했다가 결국 트럼프가 이기는 바람에 큰 망신을 당했고, ABC 방송도 힐러리가 트럼프에 4%p 앞서 대선에 승리할 거라고 전망했지만 결과는 트럼프의 승리로 끝났습니다.

이렇게 2016년에 망신을 당한 대형 언론사들이 2020년 대선이 다가오자 여론조사 시스템을 전면적으로 개선하여 이번에는 다를 것이라고 장담했지만, 정작 여론조사 결과 평균 오차는 오히려 두 배나 커졌습니다. 2020년 대선 직전 ABC

뉴스는 바이든이 트럼프보다 10.8%p나 앞섰다고 여론조사 결과를 발표했고, 뉴욕타임스도 바이든이 9.8%p 앞섰다고 전망했지만 결과는 바이든이 4.5%p 앞서며 이긴 것으로 끝났습니다. 결국 바이든이 이기기는 했지만 오차가 너무 컸던 겁니다.

2020년 대선 예측이 가장 정확했던 곳은 거대 언론사가 참여하지 않아 하우스 이펙트가 덜한 전문 기관들이었습니다. 예를 들어 정치적 편향성이 적은 것으로 알려진 여론조사 기관 아틀라스인텔은 2020년 대선 당시 바이든이 6.5%p 앞서고 있다는 여론조사 결과를 발표했는데, 실제로 4.5%p 차이로 승리하면서 정확도에 있어 가장 근접했다고 볼 수 있습니다. 이처럼 오차 보정 방법이 얼마든지 있는데도 레거시 미디어들은 지난 두 번에 걸친 참담한 대선 여론조사 실패에도 불구하고 자신들이 지지하는 해리스의 당선을 위해 굳이 오차 보정을 하지 않았던 겁니다.

또 다른 문제는 각 주별 선거인단을 통해 간접 선거를 하는 미국 대선 제도의 특성을 무시하고 전국 단위 지지율만 반복적으로 보도했다는 점입니다. 2016년 미국 대선 때도 전국 득표에서는 클린턴이 트럼프를 약 2.1%p 앞섰음에도 불구하고, 선거인단 수에서 크게 뒤져 주요 경합주에서 패배하며 선거에서 진 것입니다. 사실 해리스가 4~5%p 앞서고 있다는 여론조사 결과를 곧이곧대로 받아들인다고 해도 선거인단 확보 측면에서는 여전히 트럼프와 해리스가 막상막하의 대결을 펼치고 있었습니다. 하지만 유독 우리나라에서만 전국 단위 지지율을 중심으로 보도하다 보니 해리스가 압도적으로 리드하고 있는 것으로 착각하는 경우가 많았습니다. 펜실베이니아나 위스콘신, 미시간, 조지아 등 경합주의 상황을 중심으로 보도했다면 충분히 다른 판단을 할 수 있었겠지만, 대부분의 언론사는 그런 노력조차 하지 않았습니다.

사실 미국 언론사들이야 자신들이 지지하는 후보를 대통령으로 만들려는 정치적 이해득실이 있으니 대중의 편향성에 동조하려는 심리인 밴드왜건 효과Bandwagon Effect를 노리고 해리스 대세론을 만들기 위한 보도를 쏟아 내는 것이 일견 이해되기도 합니다. 그러나 투표권도 없고 보도 내용으로 미 대통령 당선에 일말의 영향을 미칠 수도 없는 한국 언론들이 마치 우리 편을 응원하듯 해리스 대세론을 쏟아 내는 보도 행태는 도무지 이해가 가지 않습니다. 이럴 때 언론이 해야 할 일은 원하는 편을 맹목적으로 응원하며 국민들이 현 상황을 착각하게 만드는 것이 아니라, 실태를 좀 더 정확하게 파악할 수 있도록 객관적으로 사실을 보도하여 그 결과가 우리에게 미칠 영향과 대처 방안을 미리 고민하고 준비할 수 있는 기회를 제공하는 것이라고 생각합니다.

이것이 정말 중요한 이유는 당장 미 대선 전 한국과 일본의 대미 행보에 차이를 보였기 때문입니다. 일본은 일찌감치 트럼프 당선 가능성을 파악하고 2024년 4월에 이미 아소 다로 자민당 부총재가 트럼프를 만난 후, 지속적으로 트럼프와 교감을 쌓아 왔습니다. 하지만 한국은 물밑 접촉만 했을 뿐 아소 다로 같은 고위급이 직접 트럼프를 만나는 일은 없었습니다. 평소 과시하기 좋아하는 트럼프 입장에서는 한국이 일본보다 자신에게 우호적이지 않다고 생각하기 쉬운 상황을 만든 셈입니다. 이제 대통령으로 당선된 이후에 부랴부랴 트럼프를 만나 봤자 4월부터 견고하게 유대를 쌓아 온 일본과는 다른 취급을 받을 수밖에 없습니다.

이런 효과는 트럼프의 유세 연설에서 이미 드러나기 시작했습니다. 2024년 9월 트럼프는 제조 강국의 제조업을 모두 미국으로 가져와서 미국의 일자리를 늘리겠다며 한국과 독일, 중국을 거론했습니다. 세계적인 제조 강국 중 하나인 일본이 쏙 빠진 겁니다. 이 연설은 사실상 놀라운 변화라고 할 수 있습니다. 트럼프 대통령 첫 번째 임기 때만 해도 기회가 있을 때마다 미일 무역 불균형과 일본의 대미 자동차 수출을 비판했고, 주일미군의 주둔 비용 증액을 요구하며 지속적인 압박을 가했습니다. 2023년 일본의 대미 흑자가 712억 달러, 한국이 512억 달러였음을 감안할 때 한국보다 일본을 더 압박했던 건 당연한 일입니다. 그런데 2024년 유세 과정에서 일본이 미국의 견제 대상에서 빠졌다는 것은 일본이 트럼프의 당선 가능성을 예견하고 얼마나 사전 로비를 해 왔는지 보여 주는 대목이라고 할 수 있습니다.

언론이 미국 대선 상황을 오판하게 하면 이러한 국제 관계뿐만 아니라 우리나라의 경제와 산업에도 심각한 타격을 줄 수 있습니다. 당장 트럼프가 당선되느냐, 해리스가 당선되느냐에 따라 우리나라 배터리와 전기차, 반도체 산업 전반에 엄청난 영향을 미칠 수밖에 없습니다. 특히 미국의 에너지 정책이 어떻게 달라지느냐에 따라 석유 화학 산업의 미래도 달라지게 됩니다. 또한 우리나라의 안보 문제와 국방비 지출에도 영향을 미치게 되어 재정 적자 문제는 물론, 군수 산업의 미래에도 거대한 태풍을 몰고 올 수 있습니다.

개인 투자자들 입장에서도 누가 대통령이 되느냐에 따라 빅테크 기업의 주가가 요동칠 수 있고 심지어 미국의 금리와 달러화 가치, 그리고 원/달러 환율까지 광범위하게 영향을 미칩니다. 이처럼 중요한 미국 대선 향방을 분석하는 데 자신들의 가치관이나 바람을 담아 객관성을 잃게 되면 결국 정부와 기업, 그리고 개인 투자자들까지 큰 혼란에 빠뜨리게 됩니다.

수많은 우리 언론들의 예측과 바람과는 달리 결국 트럼프 가 대통령이 되었습니다. 하지만 충격에 빠져 당황하고만 있을 때가 아닙니다. 늦었지만 이제라도 트럼프의 정책 방향과 본심을 정확하게 파악하고 대응책을 준비해야 이제부터 펼쳐질 트럼프 시대 4년을 살아 나갈 수 있을 겁니다. 트럼프 대통령은 해리스보다 여러모로 우리나라에 더 불리할 수밖에 없지만, 그래도 그에 대한 정확한 분석과 대비만 있다면 트럼프 리스크를 오히려 '트럼프 기회'로 바꿀 수도 있습니다. 그래서 이 책은 트럼프가 내세우는 말이 아닌 트럼프의 본심을 분석하는 데 초점을 맞췄고, 트럼프 정책의 나비 효과가 불러올 태풍이 과연 어떻게 발생해서 어느 곳을 파괴할 것인지, 그리고 그 속에서 어떤 기회를 찾을 수 있을지 분석하는 데 주력했습니다.

그리고 한 가지 더 말씀드리자면, 이 책은 한국 언론들이 해리스 찬가를 부르던 2024년 8월부터 쓰기 시작해서 대선이 치러지기 전에 미리 완성했습니다. 제 나름의 객관적인 분석으로는 트럼프 당선이 너무나 확실했기 때문입니다. 그래서 트럼프 대통령 당선과 그 이전의 유세 상황을 기술하는 시제는 책 출간 시기에 맞추어 모두 과거형으로 기술했습니다. 이 책이 트럼프 두 번째 임기인 트럼프 2.0 시대를 정확히 파악하고, 이를 통해 트럼프 시대를 위기가 아닌 새로운 도약의 기회로 삼을 수 있는 독자 여러분들의 작은 발판이 되기를 간절히 희망합니다.

2024년 10월 14일 서울 논현동 서재에서

박종훈

트럼프 2.0 시대

1장

정치: 트럼프 2.0 시대가 몰고 올 태풍

TRUMP 2.0 ERA

더 강력해진
트럼프가 온다

●

2024년에 대선에서 승리한 트럼프는 2016년의 트럼프와 큰 차이가 있습니다. 2016년 당시 트럼프는 대통령이 됐을 뿐 강력한 권력을 갖지는 못했습니다. 그 이유는 공화당 내 정치 기반이 너무나 취약했기 때문인데요. 밋 롬니, 존 매케인, 린지 그레이엄 등 많은 공화당 중진 의원들이 트럼프를 향해 대놓고 반기를 들거나 지지를 거부하기도 했습니다. 게다가 공화당 성향의 주요 인사들이 트럼프 행정부에서 고위직 맡기를 꺼렸습니다.

사실 트럼프는 전통적인 공화당의 노선과 완전히 다른 정책을 펼쳤기 때문에 끊임없이 충돌할 수밖에 없었습니다. 전통적인 공화당은 이민에 대해 상당히 관대한 정책을 펼쳐 왔는데 트럼프는 역대 미국 대통령 중에 가장 강경한 반이민 정책을 추진했습니다. 더구나 공화당은 전통적으로 자유 무역을 지지하고 관세를 반대해 왔는데, 트럼프는 고율의 관세를 주장하며 공화당 지도부와 잦은 충돌을 빚었습니다.

행정부의 저항도 대단히 거셌습니다. 렉스 틸러슨 국무장관과 제임스 매티스 국방장관, 허버트 맥매스터 국가안보보좌관 등 주요 인사들이 트럼프 대통령과 사사건건 의견 충돌을 빚다가 결국 사임했습니다. 특히 맥매스터는 최근 회고록에서 트럼프가 미국의 마약 문제를 해결하기 위해 멕시코 마약 범죄 세력을 직접 폭격하자는 발언을 했다고 폭로하기도 했습니다. 미국이 멕시코 땅을 직접 폭격할 경우 심각한 외교 문제가 될 수도 있는 상황이었는데, 다행히 보좌진들의 설득으로 실제 멕시코 땅을 폭격하는 상황까지 가는 것은 막았다는 겁니다.

이처럼 트럼프의 첫 번째 임기 때는 공화당과 행정부가 끊임없이 트럼프에 반기를 드는 바람에 트럼프가 마음대로 국정을 좌지우지할 수 없었습니다. 게다가 임기 후반의 2년은 하원을 민주당에 빼앗겨 민주당의 강한 견제를 받았고, 이 때문에 트럼프가 자신의 정책을 고집하기 쉽지 않았습니다. 미 하원은 세금에 대한 강력한 권한을 갖고 있으므로 사실상 예산권을 갖고 있는 것과 다름이 없기 때문입니다.

그러나 두 번째 임기를 시작하는 트럼프의 상황은 지난 1기와는 완전히 다릅니다. 이제 트럼프는 공화당을 완전히 장악하는 데 성공했습니다. 공화당의 전략과 방향을 결정하는 '공화당 전국 위원회RNC'의 공동의장으로 트럼프의 며느리인 라라 트럼프가 선출되었고, 2024년 공화당 강령은 트럼프의 비전을 고스란히 반영하고 있습니다. 게다가 트럼프의 지지를 받은 후보의 96%가 예비 선거에서 승리했습니다. 이로 인해 트럼프 충성파 의원들을 뜻하는 MAGA 스쿼드Make America Great Again Squad가 크게 늘어났습니다. 이 때문에 트럼프의 두 번째 임기인 2.0 시대는 '슈퍼 트럼프 시대'라고 해도 과언이 아닙니다. 경제, 무역, 외교, 이민, 환경 정책에서 트럼프주의를 얼마든지 밀어붙일 수 있는 힘을 얻게 된 것입니다.

게다가 트럼프는 다음 재선을 위해 여론의 눈치를 봐야 하는 초선 대통령들과는 다릅니다. 일반적으로 미국 대통령들은 첫 번째 임기 중에는 재선이 최대 목표이므로 여론의 눈치를 살필 수밖에 없기 때문에 자기 정치를 펼치지 못합니다. 그러다가 재선에 성공하면 그때야 비로소 과감하게 본격적인 자기 정치를 하기 시작합니다. 하지만 트럼프는 이번 임기가 사실상 재선의 성격이기에 트럼프 2.0 시대가 여느 대통령들

익 첫 임기 때와 비슷할 것이라고 생각했다가는 큰 낭패를 겪을 수 있습니다.

특히 트럼프 2.0 시대에 절대 속단해서는 안 되는 것이 있습니다. 설마 글로벌 리더인 미국의 대통령이 이렇게까지 하겠냐고 생각했던 모든 경계가 허물어질 가능성이 큽니다. 트럼프 대통령은 전 세계 무역 질서를 흔들고, 나토 등 동맹국들의 안보를 불안하게 할 수 있습니다. 트럼프가 주요 공약으로 내세운 감세와 관세 정책을 원안대로 밀어붙일 경우에는 가까스로 잠재운 인플레이션을 다시 부활시킬 가능성도 있습니다. 가장 큰 문제는 트럼프 대통령이 미국 우선주의를 극한까지 밀어붙일 것이라는 점입니다. 하지만 미국을 제외한 대부분 국가의 경제가 최악의 수준까지 악화되어 있는 만큼, 트럼프의 요구를 순순히 들어줄 수 없다는 게 문제입니다. 트럼프 요구대로 자국 시장을 내주거나 미국에 공장을 지어 줄 만큼 경제적 여유가 없기 때문에 이런 상황에서 트럼프가 극한의 자국 우선주의를 고집하면 동맹국들의 큰 반발을 불러올 수 있습니다.

더구나 다른 나라들이 미국과 맞서기 위해 저마다 자국 우선주의를 앞세우게 되면 기존의 글로벌 공급망이 위협받게 되어 최악의 경우 반세계화나 탈세계화 물결이 더욱 거세게 일어날 수 있습니다. 세계화가 지난 40년에 걸쳐 비교적 천천히 진행되었던 것과 달리, 탈세계화는 트럼프 대통령의 임기인 4년 동안 빠르게 진행될 것입니다. 이 같은 탈세계화의 물결에서 살아남아 다음을 기약하기 위해서는 앞으로 트럼프 2.0 시대가 몰고 올 격변의 시대를 정확하게 이해할 필요가 있습니다. 그래서 1장에서는 과연 트럼프 2.0 시대가 세계 경제 질서에 어떤 거대한 태풍을 몰고 올지, 그리고 다가오는 변화의 시대에 구체적으로 어떻게 대비해야 할지에 대해 본격적으로 알아보겠습니다.

TRUMP 2.0 ERA

왜 미국인들의 절반이
트럼프에 열광했을까?

●

우리나라에는 트럼프 대통령이 극단적인 발언을 쏟아 내며 마치 어디로 튈지 모르는 럭비공처럼 위험하다고 보는 분들이 많습니다. 특히 한국에 불리한 정책들을 시행하겠다며 위협하고 있기 때문에 유독 트럼프에 대해 반감을 갖고 있는 분들도 많은데요. 여기서 주목할 점은 너무나도 이상하고 특이해 보이는 트럼프가 어떻게 미국인들의 마음을 사로잡아 두 번이나 대통령이 됐냐는 점입니다. 일반적인 정치인이라면 입에 담을 수도 없는 거친 말을 쏟아 내고 아무리 독특한 정책을 내세워도 미국 국민의 절반 가까이 되는 사람들이 트럼프를 지지하고 있습니다. 지지를 넘어서 트럼프에 열광하고 있는 미국인들도 적지 않습니다. 도대체 미국인들은 왜 이렇게 트럼프에 열광하고 있는가를 이해해야 미국의 향후 정치 구도와 경제 체제의 변화를 정확히 파악할 수 있습니다.

미국은 세계 최대 규모의 경제를 가진 거대한 나라임에도 그동안 빠른 속도로 성장해 왔습니다. 그야말로 거대한 코끼리가 전력으로 질주하는 형국이라 해도 과언이 아닙니다. 그런데 정작 미국인들의 삶은 미국 경제의 성장 속도만큼 나아지지 않았습니다. 특히 미국이 계속해서 고성장을 해 왔음에도 1970년대 초반부터 1990년대 초반까지 미국의 실질 임금은 오히려 하락했습니다. 그나마 1990년대 후반부터 다시 상승하기 시작했지만, 2024년에야 미국인들의 시간당 실질 임금이 1970년대 초반 수준을 회복하는 데 그쳤습니다.

미국의 시간당 평균 실질 임금

출처: 세인트루이스 연방은행

미국은 이토록 빠르게 성장했는데 미국인들의 시간당 실질 임금이 50년 전과 같다니 정말 이상한 일입니다. 이렇게 소득이 전혀 늘어나지 않은 탓에 미국의 중산층은 왜 자신들만 더 가난해진 것이냐며 분노하고 있습니다. 그렇다면 미국의 중산층은 어떻게 소득을 유지했을까요? 여기에는 '맞벌이의 함정'이 도사리고 있습니다. 미국 상원의원인 엘리자베스 워런이 쓴 책 〈맞벌이의 함정〉을 보면 미국의 시간당 임금이 계속해서 줄어들었던 시기에도 가계 소득을 지킬 수 있었던 이유가 바로 맞벌이 덕분이었다고 합니다. 1960년대만 해도 미국 가정에서 맞벌이를 하는 경우가 굉장히 적어서 4인 가족 중에 한 명만 일해도 충분히 가족을 부양할 수 있었지만, 지금은 가족 중 두세 명이 일해야 예전과 같은 풍요를 누릴 수 있기 때문에 사실상 미국은 맞벌이의 함정에 빠졌다는 겁니다.

미국 사람들의 소득이 가장 급격하게 줄어든 때는 1970년대 후반부터 1980년 초반까지라고 할 수 있습니다. 이때는 마치 번지점프를 하는 것처럼 수직으로 낙하했습니다. 1970년대 후반 카터 대통령 시절 미국의 물가 상승률은 전년 대비 14.8%에 이를 정도로 치솟아 올랐는데요. 임금이 이를 미처 따라가지 못하면서 실질 임금이 급격히 하락하기 시작했습니다. 게다가 1981년 레이건 대통령이 취임하면서 상황은 더욱 악화됐습니다. 미국 근로자들은 치솟은 물가에 맞춰 임금을 올리려고 했지만, 강경한 노동 정책과 기업 규제 완화가 맞물리면서 임금 상승이 극단적으로 억제됐습니다. 물론 당시 레이건 대통령의 강경한 노동 정책이 미국의 경제 부활을 이끌었다고 평가하지만, 이 과정에서 중산층과 근로자들의 큰 희생이 있었습니다.

그 뒤 아버지 부시 대통령 시절에 경제가 크게 악화됐지만 빌 클린턴이 대통령에 당선되면서 미국 경제는 다시 활력을 되찾았습니다. 문제는 당시 클린턴이 미국 경제를 부활시킨 방법이 중국을 세계무역기구wто에 가입시킨 덕이란 점입니다. 미국 기업들이야 중국으로 생산 기지를 옮긴 덕분에 이윤을 극대화할 수 있었지만, 많은 제조업 공장들이 중국으로 옮겨 가면서 미국의 제조업 근로자들은 아무리 경력을 쌓아도 임금이 오르지 않는 질 나쁜 일자리로 쫓겨나게 됐습니다. 그런데 중국에서 값싼 제조업 제품이 물밀듯이 들어오기 시작하자 공산품 가격이 내려가면서 실질 소득이 회복되는 착시 현상이 일어났습니다.

그 대신 미국의 제조업 기반은 급속도로 무너지기 시작했습니다. 값싼 중국의 제조업 제품 덕분에 중산층의 삶이 잠깐 반짝하고 나아지는 듯했지만, 질 좋은 일자리 자체가 파괴되니까 결국 중산층은 더욱더 힘든 삶을 살게 되는 악순환에 빠진 거죠. 이 때문에 미국의 중산층, 특히 러스트 벨트 노동자라고 불리는 제조업 근로자들이 클린턴과 민주당에 분노하게 된 것입니다. 러스트 벨트 노동자들은 원래 민주당의 열렬한 지지자였습니다. 그러나 믿는 도끼가 더 아픈 법입니다. 배신감이 굉장히 컸기 때문에 아예 민주당으로부터 등을 돌리고 트럼프를 지지하게 된 사람들이 적지 않습니다.

더군다나 미국의 민주당은 합법 이민자뿐만 아니라 불법 이민자들에 대해서도 매우 관대한 정책을 써 왔습니다. 예를 들어 민주당 주지사가 있는 캘리포니아주는 2024년부터 모든 연령대의 불법 이민자들에게 건강 보험 혜택을 주는 메디케이드Meicaid 혜택을 제공하고 있습니다. 미국에서는 중산층이라도 비용 부담 때문에 건강 보험에 가입하지 못하는 경우가 많은데, 캘리포니아주에서는 불법 이민자 모두가 공짜로 건강 보험 혜택을 받을 수 있다니 정작 세금을 내 주는 미국 중산층 입장에서는 분노할 만한 일이죠. 게다가 캘리포니아주는 불법 이민자들에 대해 현금 지원은 물론이고 주립 대학 등록금까지 지원해 주고 있습니다.

트럼프가 워낙 불법 이민자들에게 강경한 정책을 써 왔기 때문에 공화당은 원래부터 불법 이민자들을 단호하게 막아 왔다고 생각하시는 분들이 많습니다. 사실 트럼프가 등장하기 전까지 공화당도 불법 이민자들을 지원하는 각종 정책을 쏟아 냈습니다. 그 이유는 불법 이민자의 친지들이 이미 시민권을 획득한 경우도 많았고, 인건비를 낮추고 싶은 기업들이 합법이든 불법이든 더 많은 이민자들이 미국으로 들어오기를 원했기 때문에 친기업적인 공화당의 특성상 불법 이민자에 대한 지원 정책을 내놓는 경우가 적지 않았습니다. 대표적인 사례가 바로 텍사스주입니다. 1995년 이후 30년간 공화당이 집권해 온 텍사스조차 불법 이민자 자녀에게 주립 대학 등록금을 텍사스 주민과 동일하게 적용하는 정책을 도입한 바 있습니다.

그러나 트럼프가 등장하면서 불법 이민자들에 대한 공화당의 태도가 강경하게 바뀌었습니다. 플로리다주의 경우 불법 이민자들에 대한 주립 대학 지원과 각종 의료 혜택을 제공하고 있었지만 트럼프를 지지하는 디샌티스가 주지사가 되면서 불법 이민자들에 대한 각종 혜택을 대폭 축소하거나 아예 철폐하고 있습니다. 텍사스주는 한 발 더 나아가 주 경계선에 장벽을 설치하고 병원에서 환자를 치료하기 전에 환자의 이민 상태를 확인하도록 요구하는 법안까지 통과시켰습니다. 그래서 이제 공화당은 반난민 정당으로 거듭났다고 해도 과언이 아닙니다.

바로 이런 미국의 경제적, 사회적 상황이 트럼프의 인기를 만들었다고 해도 지나치지 않습니다. 또한 트럼프는 미국의 성장에서 소외된 중산층의 마음을 사기 위해 중국을 적극적으로 활용했습니다. 중국과의 무역 전쟁을 선포해 중산층의 마음을 사로잡았고, 여기다 불법 이민자들을 적으로 돌리면서 인기를 한 몸에 받게 된 겁니다. 2024년 9월 열린 트럼프와 해리스 대선 토론회에서 불법 이민자가 개와 고양이를 잡아먹는다는 발언을 해서 우리나라에서는 아주 황당하게 보는 보도가 많았는데, 불법 이민자를 마음속으로 증오하지만 겉으로는 속내를 드러내지 않는 미국 중산층을 사로잡기 위해 고도로 계산된 발언이었을 가능성도 있습니다.

실제로 트럼프 대통령 1기였던 2017년부터 2020년 사이에는 불법 이민자가 크게 감소했습니다. 그러다가 바이든 행정부로 넘어가면서 다시 불법 이민자가 급증하기 시작했습니다. 불법 이민자는 그야말로 불법으로 몰래 국경을 넘은 사람들이어서 정확한 통계를 내는 것은 어렵지만, 2020년에는 20~30만 명대 이하로 줄었던 불법 이민자가 2023년에는 300만 명이 넘게 들어왔다는 비공식 통계가 있습니다. 트럼프 대통령이 이를 두고 바이든 전 대통령을 맹렬히 비난하자, 바이든 전 대통령이 이를 부인하려 했지만 파월 연준의장이 2024년 4월 미 의회 증언에서 2023년 미국의 경제 성장은 예상치 못한 대규모 이민자 유입 때문이라고 밝히면서 사실로 인정받고 있습니다.

불법 이민자가 얼마나 들어오느냐는 중산층 이하 서민들의 임금에 큰 영향을 미칠 수밖에 없습니다. 2023년 바이든 행정부의 국경 통제가 허술해진 틈을 타서 300만 명 이상의 불법 이민자가 들어온 바람에 2024년 임금 상승률이 꺾이기 시작했다는 주장도 만만치 않습니다. 이처럼 불법 이민자들이 몰려오면서 자신의 일자리가 위협받고 임금이 깎일 수 있다는 불안감이 커지고 있는 데다가, 치안까지 불안해졌다는 생각 때문에 미국에서는 인종별로 트럼프냐 해리스냐 지지율이 크게 엇갈렸습니다.

2020년 대선 당시 출구조사에서 백인 유권자의 58%가 트럼프를 지지한 반면, 흑인은 12%, 히스패닉은 32%가 트럼프를 지지했습니다. 백인의 지지가 꽤 높은 편인데 이 지지세가 중요한 이유가 있습니다. 현재 미국의 인구 비중을 보면 백인이 62%, 히스패닉이 21%, 흑인이 12%입니다. 히스패닉은 워낙 불법 이민자가 많다 보니 투표권이 없는 경우가 많아서 실제 등록 유권자 비중은 백인이 70%, 흑인이 12%, 히스패닉이 10%로 백인 비중이 압도적으로 커집니다.

이 때문에 트럼프 진영에서는 공공연히 백인 역차별을 내세우면서 '백인 차별 금지법'을 추진하겠다고 밝히고 있습니다. 우리가 흔히 인종 차별이라고 하면 대체로 유색 인종에 대한 차별을 떠올리지만 트럼프는 백인이 역차별을 받고 있다고 주장합니다. 소수 인종에게 기회를 주기 위해 대학이나 직장에 쿼터를 정해 놓는 것이 사실상 백인에 대한 역차별이라는 겁니다. 지금까지 백인들은 이 같은 역차별에 불만이 매우 컸지만 사회적 시선 때문에 표출할 수 없었는데, 트럼프가 가려운 곳을 긁어 준 덕분에 백인들 사이에서 인기몰이를 하면서 2024년 대선에서 당선될 수 있었다고 볼 수 있습니다.

그런데 왜 우리는 트럼프의 인기를 몰랐을까요? 미국의 구미디어인 레거시 언론들이 연일 해리스에게 유리한 기사만 내놓으며 대세론을 펼치다 보니 미국 중산층 백인들은 트럼프 지지 여부를 언급하는 것조차 꺼리기 시작한 겁니다. 그러나 이제 미디어 환경이 뉴미디어로 넘어가면서 TV나 신문 같은 구미디어는 거의 영향력을 잃어버렸습니다. 어차피 트럼프를 지지하는 사람들은 구미디어를 외면하고 트위터, 인스타그램, 틱톡, 유튜브를 통해 정보를 주고받았기 때문에 레거시 미디

어의 집중 공격에도 불구하고 트럼프 지지세가 꺾이지 않았
던 것이죠.

트럼프 2.0 시대

트럼프 2.0 시대

글로벌 대격변이 시작된다

TRUMP 2.0 ERA

역사상 최강의
미국 우선주의

●

트럼프는 여러 나라가 머리를 맞대고 국제 문제를 함께 풀어 가는 다자주의 외교를 극도로 싫어합니다. 그럴 수밖에 없는 것이 다자주의 외교 무대에서는 트럼프 특유의 협상 전술인 벼랑 끝 전술로 상대방을 흔들어 원하는 것을 얻는 전략을 쓰기가 쉽지 않기 때문입니다. 또한 여러 나라가 함께 모인 다자외교 무대에서 트럼프가 미국 우선주의 정책을 내세웠을 때 다른 나라들의 협공을 받을 수밖에 없습니다. 이런 불리한 상황을 피하기 위해 트럼프는 첫 임기 때 국내외의 반대 여론을 무릅쓰고 파리기후협약과 세계보건기구who에서 탈퇴하는 다소 파격적인 외교 정책을 쓰기도 했습니다.

2018년 트럼프 대통령은 심지어 미국이 주도한 북대서양

조약기구NATO까지 탈퇴하겠다며 여러 차례 동맹국들을 위협했습니다. 당시 트럼프의 핵심 참모였던 존 볼턴 전 국가안보보좌관은 트럼프가 동맹국들이 방위비를 충분히 내지 않는다고 불평한 건 나토에 대한 협상력을 높이기 위한 위협성 발언이 아니라, 실제로 나토에서 빠져나가기 위한 사전 정지 작업이었다고 폭로하기도 했습니다. 2018년 나토 정상 회의 때 트럼프가 미국 합참의장과 국방장관에게 실제로 나토 탈퇴를 지시했지만 이들의 만류로 간신히 탈퇴를 막았다는 증언이 나오기도 했습니다. 이와 관련해 존 볼턴 전 국가안보보좌관은 트럼프가 재집권할 경우 나토에서 탈퇴할 가능성은 트럼프 1기 때보다 훨씬 더 클 것이라고 전망한 바 있습니다. 아마도 트럼프를 가장 측근에서 봐 왔던 인사인 만큼 트럼프가 얼마나 쉽게 나토 탈퇴 결단을 내릴 수 있는 사람인지 직접 체감했을 것입니다.

이처럼 트럼프의 나토 탈퇴 의지는 위협이 아닌 진심으로 보입니다. 일단 나토 회원국들에게 방위비 지출을 대폭 늘리라고 요구해 놓고, 이를 지키지 않는 국가가 일정 수준을 넘으면 나토 탈퇴를 불사할 가능성을 배제하기 어렵습니다. 트럼프는 2024년 대통령 선거 유세에서 나토 회원국들 중 방위비 지출이 GDP 대비 2%가 안 되는 국가들은 러시아 등의 공격을 받더라도 미국이 보호하지 않을 것이라고 지속적으로 위협해 왔습니다. 2023년 방위비 지출이 2%를 넘는 나라는 31개 나토 회원국 중 폴란드(3.9%), 미국(3.5%), 그리스(3%) 등 고작 11개 나라에 불과합니다. 20개 나라가 트럼프 기준에 미달합니다. 유럽의 대표적인 경제 강국인 독일의 경우 GDP의 고작 1.6%이고, 이탈리아가 1.5%, 스페인은 1.3%로 유럽에서 경제 규모가 큰 나라들 대부분이 트럼프가 내세운 기준에 턱없이 미달하는 방위비를 지출하고 있습니다.

이렇게 트럼프가 나토 회원국들에게 방위비 지출을 늘려라 마라 요구하는 것이 내정 간섭으로 보일 수도 있지만 미국 입장에서는 방위비 지출을 늘리라고 요구할 만한 이유가 있습니다. 미국의 방위비 지출이 우리나라 돈으로 1,000조 원이 넘기 때문에 흔히들 미국을 천조국이라고 부르는데, 실제로 2023년 한 해 동안 미국은 8,600억 달러(1,150조 원)나 되는 방위비를 지출했습니다. 미국을 제외한 나머지 30개 나토 회원국의 방위비 지출을 모두 합쳐도 미국의 절반도 안 되는 4,040억 달러(540조 원)에 불과하니, 나토 회원국 전체 방위비 지출의 3분의 2 이상을 미국 혼자서 감당하고 있다는 뜻이 됩니다.

지금까지 미국이 나토 회원국을 나 홀로 방어해 왔다고 해도 과언이 아닙니다. 미국 입장에서는 이 같은 불균형이 불만일 수밖에 없습니다. 미국은 지리적으로 주변에 이렇다 할 적국이 없음에도 천문학적인 방위비를 지출하며 유럽의 안보까지 지켜 주는데, 정작 러시아의 위협을 받고 있는 유럽 국가들은 충분한 방위비 지출 없이 미국의 안보망에 무임승차를 하고 있다고 생각하기 때문입니다. 특히 미국은 사회 안전망이 없기 때문에 큰 병에 걸리거나 일자리를 잃었을 때 별다른 혜택을 받지 못하는 경우가 많은데, 정작 유럽은 미국에 국방을 떠맡기고 이렇게 절약한 국방비로 온갖 사회 안전망을 만들어 놓고 미국보다 안온한 삶을 살고 있다는 생각에 분노하고 있는 겁니다.

이런 상황에서 트럼프 2.0 시대의 개막은 나토의 존립에 큰 위협이 될 수밖에 없습니다. 우크라이나와 러시아가 전쟁을 시작한 이후 에너지 수급 불안정으로 경제 상황이 크게 악화된 유럽 국가들이 과연 미국이 요구한 만큼 방위비 지출을 늘릴 수 있을지 불확실한 상황입니다. 2023년 독일의 경제 성장률은 -0.2%로 팬데믹 이후 최악이었고, 2024년에도 고작 0.1% 성장에 그칠 것으로 보입니다. 만일 독일 등 주요 나토 회원국들이 경제난을 이유로 2025년에도 방위비 지출을 충분히 늘리지 못하면 트럼프는 나토 탈퇴를 무기로 회원국들의 방위비 지출 확대를 압박할 가능성이 큽니다. 이 경우 미국과 나머지 나토 회원국 사이에 심각한 갈등과 분열을 야기할 가능성 역시 간과할 수 없습니다.

나토 회원국이 저마다 각자의 국익을 추구하면서 잦은 충돌을 하게 되면 나토의 결집력이 약화되고 이 틈을 러시아와 중국이 파고들 수 있습니다. 당장 우크라이나 추가 지원 문제를 놓고 분열 양상을 보이게 되면 우크라이나가 첫 피해국이 될 수 있습니다. 트럼프는 러시아의 우크라이나 침공이 미국에 아무런 위협이 되지 않고 유럽에만 치명적 위협이 되고 있는데 왜 미국이 유럽보다 더 많은 지원을 하냐며 우크라이나에 대한 지원을 줄이거나 중단하겠다고 거듭 주장해 왔습니다. 물론 대선을 앞두고는 중도표를 의식해 우크라이나 지원 중단 방침을 다소 유보하긴 했지만 대통령에 당선된 상황에서는 언제든 우크라이나 지원 중단 카드를 활용해 유럽을 최대한 압박할 가능성이 큽니다.

사실 그동안 단일 국가로는 가장 많은 지원을 해 왔던 미국이 우크라이나에 지원을 중단하면 나토 회원국들은 우크라이나 지원의 역할 분담을 놓고 자중지란이 일어날 수도 있습니다. 더구나 우크라이나 전황을 볼 때 과연 더 이상의 추가 지원에 효과가 있는지 의문이 커지고 있습니다. 이런 상황에서 미국마저 손을 떼면 유럽 국가들 간에 극심한 내홍을 겪을 수 있습니다. 이 혼란을 틈타 러시아는 우크라이나에 대한 공세를 강화해 점령지를 넓혀 나갈 텐데, 최악의 경우 우크라이나의 완전한 점령이나 무력화를 시도할 가능성이 커질 겁니다.

반대로 유럽 국가들이 단결해 미국에 대한 의존도를 줄이고 독자적인 방위 능력을 강화하려고 할 수도 있습니다. 그러나 미국이 빠지게 되면 나토 회원국 내에서 분란을 야기해 온 국가들이 목소리를 높일 가능성이 커지기 때문에 이마저도 쉽지 않습니다. 사실 미국은 나토에 안보만을 제공한 것이 아니라 나토 국가 간에 분란이 생겼을 경우 막강한 권력으로 이를 조정하는 역할을 해 왔습니다.

예를 들어 스웨덴이 나토 가입을 신청하자 튀르키예가 끝까지 반대해서 회원국들 간에 분란이 커졌을 때 문제를 해결한 것이 바로 미국이었습니다. 미국이 튀르키예에 40대의 새로운 최신형 F-16 전투기 판매를 승인하고 79대 구형 F-16을 현대화할 수 있는 키트를 판매하기로 약속하면서 튀르키예는 마음을 돌려 스웨덴의 나토 가입에 찬성했습니다. 만일 미국이 나토를 탈퇴하지 않더라도 역할을 축소하게 되면 나토 회원국 간에 분란이 생겼을 때 이를 조정할 국가가 사실상 사라지게 됩니다. 더구나 나토 회원국 중에서 러시아나 중국과 더 가까이 지내려는 권위주의 국가들도 있습니다. 실제로 이 국가들이 러시아나 중국과 전략적 협력 관계를 맺고 긴밀한 관계를 유지하려고 하는 바람에 나토 내부에서 크고 작은 분란이 일어나고 있습니다.

나토는 과반 투표가 아니라 모든 회원국의 동의를 얻는 일종의 만장일치제를 채택하고 있는데, 겉으로 보기에는 민주적으로 보일지 몰라도 한두 나라만 어깃장을 놔도 나토 전체가 흔들릴 수 있다는 심각한 약점을 갖고 있습니다. 지금까지는 미국이 강력한 힘을 바탕으로 당근과 채찍을 동원해 나토의 대의에 동참하도록 유도해 왔지만, 미국의 역할이 축소되면 권위주의 국가들이 러시아나 중국과 관련된 주요 안건에 대해 사사건건 반대의 목소리를 낼 우려가 있습니다. 결국 트럼프가 직접 나토를 탈퇴하지 않더라도 미국의 국익만을 우선하는 트럼프의 외교 정책이 현실화되면 나토의 위상은 향후 4년 동안 크게 약화될 것으로 보입니다.

더 큰 문제는 트럼프가 탈퇴하겠다고 위협하고 있는 국제기구가 나토 하나만이 아니라는 점입니다. 트럼프는 국제연합UN과 세계무역기구WTO, 파리기후협약, 국제형사재판소ICC 등 거의 모든 다자간 국제기구에서 탈퇴하거나 미국의 기여도를 대폭 축소하겠다고 공언해 왔습니다. 미국이 스스로 역할을 축소하게 되면 이 빈틈을 중국과 러시아가 파고들 가능성이 큽니다. 만일 기존 국제기구에서 중국과 러시아의 영향력이 다시 확대되고 중국과 러시아가 미국에 대항하는 새로운 국제기구를 계속 만들어 나간다면 패권 전쟁의 향방에 또 다른 변수가 될 수 있습니다.

트럼프 2.0 시대에 가장 이상적인 시나리오는 지역별, 기능별 국제협력기구가 더욱 강화되어 미국의 빈자리를 채우는 새로운 형태로 진화하는 것입니다. 만일 이 같은 노력이 실패할 경우 분쟁 당사국들 간의 갈등을 해소할 창구가 사라져서 무력 충돌이 더 잦아지고 격화될 우려가 있습니다. 그 결과 각국이 생존을 위해 군비 강화에 나서게 될 가능성이 큽니다. 최악의 경우 핵무장 확산 도미노로 비화되면서 국제 질서는 지금보다 더욱 불안한 상황에 빠져들 가능성이 있습니다.

이런 측면에서 본다면 한국도 큰 문제에 봉착할 수 있습니다. 이미 언론에 많이 보도됐던 것처럼 트럼프는 한국에 방위비 분담금의 대폭 증액을 요구할 가능성이 큽니다. 트럼프 1기 때 이미 방위비 분담금을 종전 대비 5~6배 더 내라고 요구한 바 있는데, 이번에도 이미 진행 중인 방위비 분담 협상을 깨고 재협상을 요구할 것으로 보입니다. 방위비 증액 요구는 우리나라에 큰 부담이 될 수 있습니다. 우리 정부는 이미 2023년에 세수 펑크가 56조 원을 넘어 역대 최대치를 기록했고, 2024년에도 30조 원에 가까운 세수 펑크를 기록할 것으로 보고 있습니다. 이런 상황에서 현재 1조 3000억 원인 방위비 분담금을 5~6배까지 올리라고 요구한다면 해마다 10조 원에 육박하는 지출이 발생합니다. 지금처럼 세수 펑크가 계속되는 상황에서는 심각한 재정난을 야기할 수 있습니다.

그런데 이게 다가 아닙니다. 미국 전 국가안보보좌관인 로버트 오브라이언은 2024년 9월 한국의 국방비 지출이 GDP 대비 2.5%에 불과하다며 미국처럼 3.5%로 올려야 한다고 주장했습니다. 그의 주장대로라면 한 해 20조 원을 국방비에 더 투입해야 한다는 뜻입니다. 여기에 방위비 분담금까지 더하면 약 30조 원의 추가 지출을 하라는 얘기인데, 지속적인 세수 펑크를 겪고 있는 우리나라 상황에서 결코 쉬운 일이 아닙니다. 이 때문에 2024년 4월 아소 다로 부총재를 급파했던 일본처럼 눈에 보이는 트럼프 대응 외교가 필요했다고 볼 수 있습니다. 이미 많이 늦은 감은 있지만 지금이라도 트럼프 맞춤형 외교를 대폭 강화해야 트럼프 2.0 시대에 대한민국의 국익을 지킬 수 있을 것으로 보입니다.

TRUMP 2.0 ERA

글로벌 무역 질서를 뒤흔들
트럼프 2.0 시대의 명암

●

트럼프 대통령은 중국의 모든 수입품에 대해 60~100%의 관세를 부과하고 모든 무역 상대국에 대해서도 10~20%의 보편적 관세를 부과하겠다고 공언해 왔습니다. 물론 실제로 이같은 관세가 부과될지는 아직 미지수입니다. 사실 트럼프는 무역 상대국에 대한 협상력을 높이고 원하는 것을 얻어 내기 위해 관세 인상을 일종의 협상 카드로 활용한 적이 많기 때문입니다. 실제로 2024년 5월 전 트럼프 행정부 무역 관료 스티븐 본은 트럼프가 관세를 위한 관세를 주장하는 것은 아니라며 "트럼프의 관세 정책은 다른 국가들로부터 호혜적인 대우를 받고 무역 적자를 늘리지 않는 방법"을 찾기 위한 것이라고 주장했습니다. 특히 중국에 대한 고율의 관세를 언급하는 것은 "중국이 주요 시장을 매우 극적으로 왜곡하는 것을 막기 위한 도구"가 될 것이라고 언급했습니다.

결국 트럼프가 주장하는 고율 관세는 앞으로 미국에서 무역 흑자를 보고 있는 나라들을 압박하는 협상 수단이 될 가능성이 큽니다. 그런 측면에서 최근 미국에 대한 무역 흑자가 크게 늘어난 우리나라도 중국 다음으로 트럼프의 제2호 타깃이 될 가능성이 높습니다. 2023년 한국의 대미 무역 수지 흑자는 사상 최대인 444억 달러를 기록했습니다. 2024년 1분기에는 대미 무역 흑자 폭이 더 가파르게 증가하면서 2023년 대비 86%나 늘어났습니다. 미국 입장에서는 그만큼 무역 적자를 본 것이기 때문에 트럼프가 한국을 주목할 가능성이 매우 큰 상황입니다.

그런데 우리나라의 대미 무역 흑자가 이렇게 가파르게 늘어난 것은 사실 미중 패권 전쟁이 격화되었을 때 우리가 미국 진영을 택하면서 대중국 무역 흑자가 크게 줄어들고 대미 무역 흑자는 크게 늘어난 데 기인한 것입니다. 특히 최근의 대미 무역 흑자는 우리 기업들이 미국에 워낙 많은 공장을 짓고 있기 때문입니다. 공장을 지으려면 우리 기업들이 한국에서 생산한 장비와 설비를 미국으로 가져가야 하는데 이것들이 우리나라의 수출로 잡히는 데다가, 미국 공장을 가동하려면 중간재의 일부를 한국에서 가져가야 하는데 이것도 수출로 잡힙니다.

다시 말하면 우리 기업들이 미국의 일자리를 늘려 주는 설비 투자를 너무 많이 하는 바람에 무역 수지 흑자가 늘어난 것입니다. 트럼프가 이런 사정을 전혀 고려하지 않고 무역 수지 통계만 놓고 우리나라부터 제재하려 한다면 우리 입장에서는 너무나 억울합니다. 그러므로 지금부터라도 우리나라의 대미 흑자가 급속히 늘어난 이유를 트럼프 정부에 잘 설명해야 합니다. 만약 트럼프 임기 초반에 대응할 수 있는 기회마저 놓친다면 조만간 트럼프의 압박으로 미국에 대한 흑자를 우리 스스로 줄여야 하는 최악의 상황에 빠질 수 있습니다.

트럼프 행정부가 진짜 고율의 관세를 부과하든 무역 협상을 위한 수단으로 활용하든 앞으로 미국에 대해 무역 수지 흑자를 본다는 것은 매우 어려울 것으로 예측됩니다. 트럼프는 미국을 상대로 무역 수지 흑자를 보는 나라를 개별적으로 따로 만나 하나하나 각개격파하려고 시도할 가능성이 큽니다. 이를 위해 국제무역기구wto를 미국 입맛에 맞게 개조하거나 여의치 않으면 아예 WTO를 탈퇴할 수도 있습니다. 또 미국이 맺은 기존의 무역 협상인 USMCA(미국-멕시코-캐나다 협정)와 한미 FTA의 재협상을 요구할 수 있습니다. 즉 지금까지는 다자간 무역기구 속에서 강소국들이 얼마든지 목소리를 높일 수 있는 국제 외교의 장이 있었지만, 앞으로 트럼프 2.0 시대에는 다자 외교 무대가 사라질 가능성이 크기 때문에 개별 국가의 협상력과 외교력이 정말 중요한 시대가 될 것입니다.

더 큰 문제는 트럼프 대통령이 한국과 독일, 중국에서 '제조업 엑소더스(인건비, 땅값 상승 등으로 기업의 경영 환경이 어려워지자 해외로 생산 시설을 이전하는 현상)'가 일어날 것이라고 장담한 점입니다. 특히 제조업 담당 대사manufacturing ambassador라는 새로운 직책을 만들겠다고 언급하며, 제조업 담당 대사의 유일한 임무는 전 세계를 돌아다니면서 주요 제조업체들이 짐을 싸서 미국으로 들어오도록 설득하는 일이 될 것이라고 밝혔습니다. 그리고 미국 내에서 제품을 만들었을 때만 세계 최대인 미국 시장에 대한 자유로운 접근을 허용할 것이라고 강조했습니다. 그야말로 다른 나라 주요 제조업체를 납치라도 해 갈 기세입니다.

사실 트럼프 1기 때는 트럼프가 남의 나라 기업의 공장까지 탐낸 적은 없었습니다. 다만 해외로 나간 미국 기업들에게 다시 돌아오지 않으면 여러 가지 불이익을 줄 것이라고 위협하는 정도였습니다. 하지만 지난 4년 동안 상황이 크게 바뀌면서 이제는 남의 나라 기업까지 탐내게 된 겁니다. 사실 바이든 대통령도 교묘한 정책으로 다른 나라의 공장을 미국에 짓도록 유도해 왔는데, 그 대표적인 사례가 바로 인플레이션 감축법IRA과 반도체 지원법Chips Act입니다. 미국 영토 안에 전기차나 배터리 공장을 지어야만 세금을 감면해 준다든가 반도체 보조금을 주는 등의 방식으로 한국과 대만, 독일의 주요 생산 시설들을 미국으로 끌어들인 겁니다.

이렇게 상황이 바뀌자 이제 트럼프도 해외 공장을 미국으로 끌고 오겠다고 선언한 것인데, 바이든이 정교하게 설계된 정책으로 미국 투자를 유인해 왔다면 트럼프는 미국으로 생산 설비를 옮기지 않는 기업에게 채찍을 휘두를 가능성이 큽니다. 트럼프는 이미 미국에서 생산하지 않는 기업들은 동맹국 기업이든 아니든 높은 관세를 부과하겠다고 경고한 바 있습니다. 이 과정에서 한미 FTA 같은 협정은 아예 무시할 가능성이 큽니다. 이미 바이든이 남의 나라 공장을 뺏어 올 수 있는 온갖 수단을 연구해 착실히 길을 닦아 놓은 만큼, 트럼프는 이를 적극 활용해 더 많은 타국의 제조업체를 끌고 오려고 할 것이 분명합니다.

트럼프의 정책 기조는 사실 우리나라 같은 제조 강국에게는 국가 비상사태에 준하는 위협 요인이 될 수 있습니다. 한국이 계속 첨단 산업의 제조 메카로 남아 있기 위해서는 지속적으로 기업들이 혁신 제조 설비를 건설해야 합니다. 우리나라 기업들은 이미 바이든 때부터 우리 땅이 아닌 미국에만 새로운 혁신 설비를 건설하고 있는 상황입니다. 그런데도 우리 정부는 소중한 제조업체들을 지키기 위한 강력한 유인책을 아직까지 제대로 내놓지 않고 있습니다. 이런 상황에서 트럼프의 압박 정책까지 더해진다면 한국의 첨단 제조업 공동화 현상은 더욱 위험한 수준으로 치닫게 될 것입니다.

첨단 제조업이 중요한 이유는 제조업체가 창출하는 일자리나 부가 가치에 그치지 않습니다. 첨단 제조업이 국내에 제조 설비를 계속해서 지어야 수많은 협력업체가 창출되고, 제조업체들이 서로 연결되면서 융합되어야 새로운 아이디어가 넘쳐 나는 혁신 생태계가 탄생할 수 있습니다. 지금처럼 우리 기업들이 다 빠져나가도 정부가 기업 생태계를 지켜 낼 강력한 조치를 취하지 않는다면 청년들을 위한 고임금 일자리는 물론, 차세대 먹거리를 만들 혁신 생태계도 모두 다 잃어버리게 될 겁니다.

그렇다면 바이든에서 시작되어 트럼프로 이어지는 '제조 강국 미국의 꿈'은 이루어질 수 있을까요? 사실 미국은 제조업 일부 분야만 빼놓고 모든 글로벌 밸류체인을 다 지배하고 있다고 해도 과언이 아닙니다. 이런 상황에서 제조 강국까지 차지하게 되면 그야말로 미국이 모든 것을 다 독식하는 것이나 다름없습니다. 그러나 아무리 모든 것을 다 가진 미국이라고 해도 제조 강국으로 가는 길은 험난할 가능성이 큽니다. 미국은 2차 세계대전이 시작된 이후부터 1979년까지 제조업에서 압도적인 우위를 가진 나라였습니다. 특히 2차 세계대전으로 유럽의 제조업이 붕괴된 이후 세계 제조업에서 미국이 차지하는 비중이 경이적으로 높아졌고, 1960년대 초반까지 미국의 제조업 생산량은 전 세계의 절반을 차지할 정도로 엄청난 생산력을 자랑했습니다. 그러나 1970년대 들어서면서 유럽의 재건이 마무리되자 미국 제조업의 비중은 다소 축소됐지만 그럼에도 불구하고 1970년대 말까지 막강한 생산력은 계속 유지되고 있었습니다.

그런데 1980년부터 1982년까지 미국이 2차 세계대전 이후 최악의 경기 침체와 금융 위기를 겪으면서 상황이 완전히 달라졌습니다. 경기 침체의 한복판에 취임한 레이건 대통령은 경제 위기 극복 방법으로 경쟁력이 약화된 제조업을 포기하고 금융과 서비스 산업 위주로 경제를 재편하는 전략을 택했습니다. 이 같은 선택과 집중으로 미국 경제의 빠른 회복을 이끌어 냈지만, 대신 강력했던 미국 제조업 경쟁력이 약화되기 시작했습니다. 결국 이는 미국 기업들이 갖고 있던 제조업 시설을 해외로 이전하거나, 개발 도상국에 생산을 위탁하기 시작한 첫 계기가 됐습니다.

미국 제조업의 두 번째 몰락은 2000년부터 2010년까지 10년 동안 찾아왔습니다. 이 시기에 미국 제조업이 거의 붕괴되다시피 했기 때문에 '미국 제조업 최악의 10년'이라고 불립니다. 미국 제조업의 2차 몰락은 2001년 중국의 WTO 가입에서부터 시작됐습니다. 당시 클린턴 대통령은 자신의 소속 정당인 민주당의 강력한 반대를 무릅쓰고 중국을 WTO에 가입시켰습니다. 그 결과 중국과의 교역 확대로 당장의 미국 경제는 좋아졌지만 미국의 제조업체들이 공장을 중국으로 옮기거나 중국에 위탁하기 시작하면서 미국 제조업은 급속히 쇠퇴하기 시작했습니다.

이후 그나마 명맥을 유지하던 미국의 제조업은 2008년에 발생한 글로벌 금융 위기를 기점으로 완전히 전멸하다시피 했는데요. 글로벌 금융 위기를 야기한 것은 위험한 파생 상품 거래에 몰두하다가 큰 손실을 본 미국의 금융 회사들이었지만 정작 금융 회사들은 미국 정부의 막대한 지원을 받아 대부분 회생했고, 오히려 금융 위기의 영향으로 신용경색(금융기관 등에서 돈의 공급이 제대로 이루어지지 않아 시중의 자금 유동성이 원활하지 못한 상황)이 일어나자 운영 자금을 구하지 못한 미국의 제조업체들이 유탄을 맞아 몰락하는 어이없는 일이 일어난 겁니다. 그 결과 이제 미국은 정부가 전략적으로 밀어 줬던 자동차나 정밀 기계, 군수 산업 등 극히 일부 분야를 제외한 제조업의 숨통이 끊겼다고 해도 과언이 아닙니다.

심지어 미국이 가장 자랑하던 항공기 분야마저 안전 문제와 품질 관리 문제로 유럽에 밀리기 시작했습니다. 1916년에 설립되어 무려 109년의 역사를 자랑하는 미국 보잉사에서 2017년 개발한 최신예 기종인 보잉 737 MAX가 2018년과 2019년 두 차례에 걸쳐 기체 결함으로 추락하면서 명성에 금이 가기 시작했습니다. 2024년에도 보잉 737 MAX 기종의 문짝이 4.87km 상공에서 떨어져 나가면서 승객들이 극도의 공포와 불안에 빠지는 사고가 발생했는데, 사고 원인 조사 결과 애초에 동체를 조립하는 과정에서 볼트를 빠뜨린 것이 원인이라는 충격적인 사실이 드러났습니다.

사실 보잉사의 위기는 무너져 가는 미국 제조업의 현주소를 보여 주고 있습니다. 미국은 이미 오래전부터 제조업을 경시하고 비용 절감 대상으로만 보기 시작하면서 몰락을 가속화해 왔습니다. 보잉의 경우 항공기를 만드는 기업인데 비용을 절감하겠다며 2004년 항공기 제조의 핵심인 동체와 조종석, 그리고 날개를 만드는 생산 시설을 따로 떼어 내 '스피릿 에어로시스템즈SPR'라는 이름으로 분사시켜 매각하는 황당한 결정을 내렸습니다. 그러고 나서 보잉은 비용을 절감하겠다며 납품 단가를 끝없이 낮추고 납품 기일을 계속 단축했습니다. 결국 스피릿 에어로시스템즈는 자금난과 납품 기일에 쫓겨 치명적 하자를 갖고 있는 동체와 조종석을 납품했고, 그 결과 보잉의 최신 기종인 보잉 737 MAX가 잇따라 대형 사고를 낸 것입니다.

이런 사고가 2018년부터 해마다 반복되고 있었지만 보잉은 여전히 항공기 제조를 경시하며 아무런 대책도 취하지 않다가 2024년 1월에야 비로소 스피릿 에어로시스템즈를 합병하기로 결정했습니다. 그러나 합병한다고 해도 이미 제조 기반이 약화된 보잉사가 과연 예전의 품질 관리 능력을 회복할 수 있을지는 미지수입니다. 그동안 비용을 절감한다고 납품 단가를 계속 낮춰 온 탓에 스피릿 에어로시스템즈의 고숙련 기술자들 중에 상당수가 이미 해고를 당했기 때문입니다. 물론 해고된 뒤 1~2년 정도의 재취업 금지 규정이 있기는 하지만, 당장 먹고살 길이 막막해진 기술자들 중 일부는 유럽과 브라질 항공사로 옮겨 갔고 심지어 중국으로 흘러 들어간 경우도 있었습니다. 이 과정에서 중국은 미국의 첨단 항공기 제조 기술을 빠르게 습득할 수 있었습니다.

미국이 가장 자랑하는 우주 항공 분야마저 이런 상황이다 보니 나머지 제조업의 상황은 더욱 심각할 수밖에 없었습니다. 1980년 이후 미국은 제조 현장을 경시하고 단순히 비용 절감 대상으로 여기는 풍조가 만연했기 때문에 미국 내 제조 기반은 이미 붕괴된 것이나 다름이 없습니다. 가장 큰 문제는 보잉사처럼 대부분의 제조 분야에서 생산 기술 인력 자체가 실종됐다는 점입니다. 비용 절감을 이유로 고숙련 제조 기술자들을 끊임없이 해고해 왔기 때문에 미국에서는 제조 현장에 꼭 필요한 생산직 기술자들을 충분히 확보하는 것부터 쉬운 일이 아닙니다.

미국에 투자한 해외 제조업체들도 생산 기술 인력을 구하지 못해 모두 비상이 걸렸습니다. 예를 들어 대만의 TSMC는 2024년까지 미국 애리조나 반도체 공장에서 본격적인 반도체 생산을 시작할 계획이었지만 기술자를 구하지 못해 어쩔 수 없이 반도체 생산 시기를 2025년으로 연기해야 했습니다. 다급해진 TSMC가 대만에서 500명의 엔지니어를 불러와 미국 노동자들을 훈련시키려 하자, 애리조나 지역 노동조합이 미국인들의 일자리를 위협할 수 있다며 이들의 취업 비자를 막아 달라고 요구하는 바람에 이마저도 난항에 빠졌습니다. 상황이 이렇다 보니 TSMC가 2026년을 목표로 애리조나에 짓고 있는 두 번째 반도체 공장의 가동 시기두 2028년으로 2년이나 연기하게 되었는데, 과연 계획대로 가동될 수 있을지 의문입니다.

인력난은 비단 TSMC만의 문제가 아닙니다. 삼성전자와 폭스바겐, BMW, 토요타 등 수많은 해외 기업들이 미국에 공장을 지어 놓고 숙련된 인력을 확보하지 못해 큰 어려움을 겪고 있는 실정입니다. 이를 해결하기 위해 미국에 진출한 해외 기업들이 지역의 교육 기관에 돈을 퍼 주면서 직업 훈련 프로그램에 막대한 예산을 투입하고 있지만, 워낙 오랫동안 제조업을 등한시해 온 탓에 생산 인력 자체를 구하기 어려운 데다가 미국의 지역 노조가 근로 시간을 최대한 줄이고 과도한 임금 인상을 요구하고 있기 때문에 미국에 진출한 해외 기업들은 그야말로 최악의 인력난을 겪고 있습니다.

이런 어려움 속에서 트럼프 대통령의 당선은 상황을 더욱 악화시킬 우려가 큽니다. 현재 완공된 공장조차 제대로 가동하지 못하는 상태에서 미국에 더 많은 공장을 지으라는 트럼프 대통령의 압박은 한국뿐만 아니라 주요 제조 강국에게 심각한 위협이 될 수 있습니다. 더구나 트럼프의 요구대로 미국에 공장을 지으려면 생산 설비와 중간재를 미국에 수출해야 합니다. 우리나라 기업이 한국에서 생산해서 미국으로 가져가는 것이지만 단기적으로는 모두 한국의 무역 흑자로 잡히기 때문에 트럼프의 요구를 따르는 것이 트럼프에게 더 거센 통상 압박을 받을 빌미를 제공하는 결과가 되는 것입니다.

그렇다면 해외 제조업체까지 모두 흡수하겠다는 트럼프의 전략은 무조건 미국에 유리하기만 할까요? 꼭 그렇다고만 볼 수는 없습니다. 생산 인력도 없는 미국이 무리하게 해외 공장을 유치해 놓고 제때 가동도 못하면서 생산 단가만 올라가게 되면 결국 미국의 물가를 자극할 수 있습니다. 게다가 이미 기존의 빅테크 기업은 물론, 새롭게 떠오르는 AI와 바이오 분야 등 차세대 먹거리 산업을 모두 지배하고 있는 미국이 제조 강국까지 다시 거머쥐겠다는 트럼프 대통령의 야심은 자칫 세계 경제의 블록화나 무역 전쟁을 가속화하는 결과를 가져올 수 있습니다. 이는 글로벌 공급망을 훼손하고 세계 경제 성장을 둔화시키는 심각한 위협 요소가 될 수 있습니다. 이런 상황에서 우리 기업을 지킬 최소한의 안전장치조차 마련해 놓지 않는다면 앞으로 닥칠 글로벌 공급망 전쟁에서 낙오자가 될 위험이 큽니다.

TRUMP 2.0 ERA

치열한 미중
패권 전쟁의 도래

●

미중 패권 전쟁의 신호탄을 쏜 것은 바로 트럼프 대통령이었습니다. 패권 전쟁의 원조였던 트럼프가 두 번째 임기를 시작한 만큼 앞으로 미중 패권 전쟁은 더욱 치열해질 가능성이 큽니다. 트럼프가 유세 기간 중에 공약한 대로 60~100%의 관세를 부과하는 관세 전쟁부터 시작할 수도 있지만, 우리나라에 더 위협적인 조치는 중국에 대한 반도체 수출을 규제하는 것입니다. 만일 우리나라의 대중 메모리 반도체 수출에 규제를 받으면 상상할 수 없는 타격을 입을 수 있기 때문입니다.

바이든 전 대통령은 자신의 임기 내내 중국과의 패권 전쟁에서 반도체 수출 규제를 주요 무기로 삼아 왔습니다. 대표적인 것이 중국 화웨이에 대한 인텔과 퀄컴의 반도체 수출 면허

취소입니다. 그 결과 화웨이가 자체 칩을 개발한 탓에 퀄컴은 2024년 한 해 동안 100억 달러가 넘는 손실을 봤습니다. 중국에서 20%의 매출을 올리고 있던 엔비디아도 바이든의 수출 규제로 최신 칩의 중국 수출이 금지됐습니다. 지금이야 엔비디아에 주문이 몰리고 있으니 당장은 문제가 없겠지만, 언젠가 주문 물량 폭주가 끝나고 나면 대중국 수출 규제가 엔비디아 성장을 제약하는 주요 요인이 될 수 있습니다.

이처럼 전 바이든 정부가 반도체 수출 규제를 자주 한 탓에 바이든의 중국 견제를 트럼프의 무역 전쟁과 구별해 '기술 패권 전쟁'이라고 부르기도 합니다. 사실 대중국 반도체 수출 규제의 원조는 트럼프였습니다. 2017년 트럼프가 대통령에 취임하기 전까지 미국의 중요한 무역 파트너이자 글로벌 공급망의 일원이었던 중국에 반도체 수출을 규제한다는 것은 꿈도 꿀 수 없는 일이었습니다. 그런데 트럼프가 아무런 예고도 없이 화웨이와 SMIC 등 중국의 주요 테크 기업들을 수출 규제 대상으로 삼아 기술 패권 전쟁을 시작한 겁니다. 네덜란드 기업인 ASML에 첨단 반도체 장비를 중국으로 수출하지 못하도록 압력을 가하기 시작한 것도 바이든이 아니라 트럼프였습니다. 바이든과 트럼프가 달랐던 점이 있다면 바이든은 중국을 견제하더라도 미국의 손해를 줄이기 위해 정교하게 규제 정책을 마련한 반면, 트럼프는 거칠고 투박해 보일 정도로 노골적인 수출 규제를 했다는 점입니다.

지난 바이든 정부 때 미국과 중국의 관계가 더욱 악화된 만큼, 반도체 수출 규제의 원조인 트럼프가 이번에 더욱 강력한 대중국 반도체 수출 규제를 시도할 가능성이 있습니다. 이미 바이든 행정부도 AI 서버에 쓰이는 첨단 메모리 반도체 HBM(고대역폭 메모리) 규제를 검토한 바 있습니다. 바이든이 HBM 메모리의 기술 수준에 따라 하나하나 규제 여부를 검토했던 것과 달리, 트럼프는 전방위적인 반도체 수출 규제를 무기로 중국을 압박하고 우리나라 주요 반도체 기업에도 대중국 수출 규제에 더욱 적극적으로 동참하라고 압박할 가능성이 큽니다.

이 같은 규제는 중국의 메모리 반도체 기술 자립을 가속화하는 결과를 가져올 수밖에 없습니다. 중국의 메모리 반도체 대표 기업인 CXMT는 2023년까지 세계 D램 시장 점유율이 고작 1%밖에 되지 않았지만, 2024년 생산 능력이 급속히 확대되면서 2024년 말에는 세계 시장 점유율 15%를 목표로 하고 있다는 말까지 나오고 있습니다. 지금은 2세대 정도 뒤떨어진 구형 D램 제품DDR4에 집중하고 있지만 이미 최신 D램 제품에 가까운 LPDDR5 개발에 성공했기 때문에 우리 반도체 기업을 바짝 추격하고 있다고 해도 과언이 아닙니다.

이런 상황에서 트럼프 대통령이 HBM에 이어 최신 메모리 반도체의 중국 수출을 규제하게 되면 당장은 중국이 어려움을 겪겠지만, 아예 수입을 할 수 없게 되면 CXMT 같은 중국 기업이 홀로 중국 시장을 독차지하게 되어 오히려 더 빨리 우리 반도체 기업을 추격해 올 가능성이 있습니다. 결국 트럼프가 대중 반도체 수출 규제를 강화하면 우리나라 기업들은 당장 가장 큰 시장을 잃어버리는 것은 물론, 나중에 자생력을 가진 중국 반도체 기업의 거센 추격에 노출될 위험이 있는 만큼 반도체 수출 규제 대상을 축소하려는 한국 정부의 노력이 우리나라의 미래를 좌우할 정도로 중요한 순간에 와 있습니다.

트럼프의 대중국 무역 규제의 결정판은 '중국으로부터의 수입 중단 4개년 계획'이라고 할 수 있습니다. 선거 캠페인 기간 동안 트럼프는 중국의 전자 제품과 철강, 의약품뿐만 아니라 기타 '필수 상품'으로 간주되는 모든 품목의 수입을 4년에 걸쳐 단계적으로 줄이다가 4년 뒤에는 아예 수입 자체를 하지 않겠다고 선언했습니다. 워낙 파격적인 공약이다 보니 설마 시행되겠나 하는 생각에서 언론들이 잘 보도하지 않는 경향이 있지만, 만일 실제로 시행된다면 반드시 중국의 보복이 뒤따를 수밖에 없기 때문에 4년 뒤 글로벌 공급망은 미국 진영과 중국 진영으로 완전히 갈라지게 될 것입니다.

미국과 중국 경제가 완전히 분리되면 양국 사이에 군사적 충돌, 즉 열전이 일어날 가능성이 커지게 될 것입니다. 패권 전쟁을 하더라도 양국이 글로벌 가치 사슬Global Value Chain에 묶여 있는 경우에는 어느 한쪽이 전쟁을 일으키기가 쉽지 않습니다. 글로벌 가치 사슬이 붕괴되면 전쟁의 승패와 관계없이 양쪽 모두 심각한 경제적 타격을 받게 되기 때문입니다. 그러나 디커플링으로 경제적으로 분리되면 상황이 완전히 달라집니다. 어차피 경제적 연관성이 없다면 전쟁을 통해 이득을 볼 수 있다는 착각에 쉽게 사로잡히기 때문인데, 대표적인 사례가 바로 2차 세계대전입니다.

1929년 시작된 대공황으로 세계 각국이 최악의 위기를 겪게 되자 앞다투어 관세 장벽을 높이고 보호무역주의를 강화했는데요, 그 결과 세계 경제는 영연방과 프랑스 식민제국, 독일과 일본의 무역 블록 등으로 분리되기 시작했습니다. 특히 독일은 히틀러 집권 이후 중부와 동부 유럽에서 영국식 식민지를 본뜬 무역 블록을 만들려고 시도했고, 일본은 동아시아와 태평양 지역에서 식민지를 확대했습니다. 이렇게 세계 경제가 블록화되자 강대국 간의 갈등이 훨씬 더 쉽게 군사적 충돌로 번진 겁니다.

물론 트럼프는 자신의 공약대로 '중국으로부터의 수입 중단 4개년 계획'을 밀어붙이려 할 수도 있겠지만 공화당 싱크탱크는 세계 경제가 블록화될 경우 군사적 충돌 가능성이 훨씬 높아진다는 것을 잘 알고 있기 때문에, 4개년 계획으로 중국을 압박하고 무역 전쟁의 승기를 잡으려 할 것이라는 분석이 더 많습니다. 하지만 트럼프의 특성상 공약을 계획대로 추진할 가능성도 배제할 수 없습니다. 즉 트럼프 2.0 시대는 '중국발 안보 위험의 최대 분기점'이라고 해도 과언이 아닙니다.

트럼프 2.0 시대

글로벌 대격변이 시작된다

TRUMP 2.0 ERA

저물가 저금리
시대 올까?

●

트럼프는 재선에 성공하면 에너지 비용을 절반으로 줄여서 물가를 낮추겠다고 공약했습니다. 또한 주택담보대출 금리를 역사상 최저점 수준까지 낮추겠다고도 공언했는데요. 과연 트럼프 대통령의 공약대로 저물가 저금리 시대가 올까요? 경제가 대통령이 명령한 대로 움직인다면 그럴 수도 있겠지만, 경제 원리를 무시한 경제 정책은 정책 입안자의 의도를 거스르는 뜻밖의 태풍을 불러올 수 있습니다. 이번 장에서는 트럼프 대통령이 억지로 물가와 금리를 낮추려고 할 경우 어떤 일이 일어날지에 대한 나비 효과를 분석해 보았습니다.

물가를 획기적으로 낮출 수 있다는 트럼프의 방안은 매우 단순합니다. 에너지 관련 규제를 대폭 철폐해서 생산 비용을 낮추면 에너지 가격이 내려갈 거라는 겁니다. 트럼프의 에너지 정책은 "Drill, baby. drill(시추해라, 얘야. 시추해)"로 요약할 수 있습니다. 즉 더 많은 유전을 개발하면 생산량이 늘어나 유가를 반값으로 낮추고, 그 결과 에너지 가격이 낮아지면 물가는 자연스럽게 하락할 것이라는 주장입니다. 그러나 국제 유가는 트럼프가 석유 시추 관련 규제만 완화하면 바로 내려가는 단순한 가격이 아닙니다. 지정학적 요인과 시장 유동성 등 온갖 복잡한 요인에 의해 국제 유가가 결정되기 때문입니다. 게다가 아무리 규제를 완화한다고 해도 미국 내 셰일 오일을 개발하는 회사들의 수익성이 떨어지면 생산은 줄어들 수밖에 없습니다.

더불어 전 바이든 정부의 셰일 오일 규제에 관한 오해가 하나 있습니다. 바이든이 셰일 오일 생산업체에 과도한 규제를 가해 생산량이 줄었다는 주장입니다. 그러나 이는 사실이 아닙니다. 물론 바이든 취임 초기에는 원유 채굴과 생산에 대한 규제를 강화해 잠시 셰일 오일 생산량이 줄어든 적이 있었지만, 2022년 우크라이나 전쟁이 일어난 이후 국제 유가가 급등하고 이로 인해 미국의 물가가 치솟자 오히려 관련 규제를 크게 완화했습니다. 그 결과 바이든 임기 동안 미국의 원유 생산량은 해마다 역사상 최고치를 경신하게 되어, 바이든 취임 전인 2020년 미국의 원유 생산량은 하루 평균 1,130만 배럴에 불과했지만 2023년에는 1,293만 배럴로 늘어났습니다. 게다가 미국 에너지 정보청EIA은 2024년 미국의 원유 생산량이 하루 평균 1,320만 배럴을 돌파했을 것으로 추정하고 있습니다.

이처럼 셰일 오일 생산량이 지속적으로 늘어나면서 거의 한계치에 도달했기 때문에 더 이상 셰일 오일 생산량이 비약적으로 증가하기는 어려울 것이라는 전망이 많습니다. 이런 상황에서 트럼프 대통령이 셰일 오일 개발 관련 규제를 완화한다고 해서 원유 생산량이 대폭 증가할 거라고 기대하기는 어렵습니다. 게다가 셰일 오일 개발은 투자 위험도가 매우 높은 사업입니다. 미국의 경기 둔화 우려가 계속되는 상황에서 트럼프의 규제 완화 정책 하나만 믿고 새로운 유전 투자를 더 늘린다는 것은 쉬운 일이 아닙니다.

결국 트럼프 효과로 유가가 더 떨어지는 것은 현실적으로 크게 기대하기 어렵습니다. 트럼프 임기 동안 유가는 트럼프 정책이 아니라 글로벌 경기 상황에 큰 영향을 받게 될 것입니다. 2025년에 미국이 경기 침체를 겪을 것인가에 대해서는 논란의 여지가 있지만, 적어도 미국 경제 성장률이 2024년보다 낮아질 거라는 전망은 거의 확실시되고 있습니다. 게다가 심각한 경기 둔화를 겪고 있는 중국이 세계 최대 원유 수입국인 만큼 원유 수요 측면에서는 강력한 유가 하락 요인으로 작용하게 될 것입니다.

유가를 결정하는 더욱 중요한 문제는 중동 지역의 지정학적 불안이라고 할 수 있습니다. 미국 대선 전에는 이스라엘이 팔레스타인 가자 지구를 완전히 초토화시키고 레바논의 헤즈볼라를 대대적으로 공격해도 이란이 적극적인 대응을 하지 못했습니다. 그 이유는 해리스가 당선될 경우 핵합의JCPOA 복원을 통해 경제 제재를 풀고 싶은 강렬한 열망을 갖고 있었기 때문입니다. 그러나 트럼프가 당선된 상황에서는 어차피 향후 4년 동안 핵합의가 복원될 가능성이 없는 만큼 이란으로서는 이스라엘의 선제공격에 적극적인 대응으로 전환할 가능성이 큽니다. 이런 중동 지역의 지정학적 불안 요인이 트럼프 임기 동안 계속 커질 수밖에 없으며, 이는 향후 국제 유가를 자극할 주요인이 될 것입니다.

트럼프는 또 연방준비제도Fed에 금리 인하를 압박해 미국의 주택담보대출, 즉 모기지 금리를 역사상 가장 낮은 수준으로 낮추겠다고 공약했습니다. 트럼프 1기 때도 금리를 인하하라고 연준을 압박했지만 연준은 독자적으로 금리를 결정했습니다. 그러나 트럼프 2.0 시대에는 트럼프의 권력이 훨씬 강화된 만큼 연준에 대한 금리 인하 압박이 트럼프 1기 때보다 더욱 거세질 수 있습니다. 그러나 트럼프의 압력으로 연준이 금리 인하 속도를 더욱 가속화한다고 해도 모기지 금리가 기준 금리 인하 폭만큼 낮아지리라는 보장은 없습니다.

연준이 결정하는 기준 금리란 하루짜리 초단기 금리를 뜻합니다. 연준은 이 초단기 금리를 인상하거나 인하해서 중기나 장기 금리에 영향을 미치는 간접적인 방식으로 시장 금리를 조절하는 겁니다. 그런데 문제는 연준이 기준 금리를 높이거나 낮춘다고 해서 반드시 시장 금리가 움직이는 것은 아니라는 점입니다. 이런 연결 고리는 2008년 글로벌 금융 위기 이후 깨졌습니다. 당시 연준이 기준 금리를 4.25%에서 0~0.25%로 대폭 낮췄지만, 모기지 금리와 같은 장기 시장 금리는 당시 금융 시스템의 불안정성과 신용경색으로 오히려 상승했습니다. 그래서 연준이 시장 금리를 인위적으로 낮추기 위해 달러를 찍어 대규모로 국채와 모기지 채권 등을 매입하는 프로그램, 즉 양적완화QE를 실시한 겁니다. 양적완화를 하지 않았다면 기준 금리의 인하만으로는 모기지 금리 등 시장 금리를 끌어내릴 수 없었을 겁니다.

이 같은 상황은 지금도 마찬가지입니다. 트럼프 대통령이 아무리 연준을 압박해도 연준이 정치적 압력에 굴복해 금리 인하 속도를 바꿀 가능성이 그리 높지도 않지만, 만일 연준이 트럼프의 압력으로 기준 금리를 대폭 내린다고 해도 장기 시장 금리가 기준 금리와 같은 속도로 내려간다는 보장은 전혀 없습니다. 물론 연준이 기준 금리 인하와 함께 양적완화를 실시해 시장 금리를 억지로 끌어내리려고 시도할 수는 있겠지만, 2008년이나 2020년과는 시장의 상황이 완전히 달라졌습니다.

당시에는 아무리 돈을 찍어도 인플레이션이 일어나지 않았기 때문에 천문학적인 양적완화를 할 수 있었지만, 지금은 인플레이션이 언제라도 되살아날 수 있기 때문에 또다시 양적완화를 했다가는 자칫 달러 가치를 훼손하고 인플레이션의 부활을 불러올 위험성이 있습니다. 만약 인플레이션이 다시 시작된다면 시장 금리는 인플레이션을 반영해 오히려 상승할 수도 있습니다. 게다가 인플레이션이 부활하면 금리를 낮추기는커녕 오히려 올려야 하는 상황에 처할 수도 있습니다. 결국 트럼프는 저물가 저금리를 주요 공약으로 내세웠지만 트럼프의 압박이 오히려 물가나 금리를 끌어올리는 부작용을 야기할 수도 있습니다.

반면 트럼프의 공약이 그대로 실현된다면 금리나 물가를 자극할 또 다른 요인이 될 수 있습니다. 대표적인 사례가 바

트럼프 2.0 시대

로 트럼프의 관세 공약입니다. 중국에 대해 60~100% 관세를 부과하면 당장 미국의 물가를 끌어올리는 요인이 될 수 있는데, 다른 나라로 수입선을 바꾼다 해도 중국에 관세를 부과하기 전보다는 훨씬 비싸질 수밖에 없기 때문입니다. 더 큰 문제는 보편적 관세입니다. 미국이 모든 나라에 대해 10~20% 관세를 부과하면 관세의 상당 부분이 미국의 물가 상승으로 이어질 가능성이 있습니다.

트럼프가 관세를 어떤 방식으로 활용하느냐가 미국 물가에 중요한 변수가 될 수 있습니다. 일단 상대국에 고율의 관세를 부과한 다음 관세 면제를 무기로 무역 협상의 지렛대로 사용할지, 아니면 관세를 위협 수단으로 활용해 무역 협상을 할지에 따라 미국 물가가 큰 영향을 받을 수 있습니다. 일단 트럼프 행정부도 미국의 물가가 올라가는 상황은 바라지 않을 테니 후자를 선택하는 것이 합리적이지만, 좌충우돌하는 트럼프의 특성상 관세를 먼저 부과하고 협상을 할 가능성도 배제할 수 없습니다. 이 경우 수입 물가가 크게 뛰어오르면서 미국의 물가를 다시 자극할 위험성이 있습니다.

또 다른 문제는 트럼프 대통령의 이민 정책입니다. 트럼프는 2024년 유세 기간 동안 고학력 합법 이민자에 대해서는 개방적인 태도를 취하면서 불법 이민자만 철저히 단속하겠다고 밝혔지만, 정작 트럼프 첫 번째 임기 중에 불법 이민자만 강경하게 대응한 것이 아니라 고학력 전문직의 취업 비자나 합법적 이민자들의 유입도 제한하는 정책을 자주 내놓았습니다. 트럼프 취임 직후 전문직 직종에 대해 발급하는 H-1B 비자 심사 기준을 대폭 강화한 탓에 비자 승인 거부율이 2015년 6%에서 2018년에는 24%로 무려 네 배나 높아졌습니다.

특히 트럼프는 다국적 기업 직원들에게 발급하는 L-1 비자 소지자의 입국을 아예 차단하려고 시도한 적이 있었는데, 다행히 미국 법원이 권한 남용이라고 판결한 덕분에 입국이 허용됐습니다. L-1 비자는 미국에 투자한 한국 공장에 한국 임직원을 보낼 때 주로 사용되기 때문에 우리나라에도 매우 중요한 비자입니다. 만일 트럼프가 L-1 비자 입국을 금지시키는 데 성공했다면 미국에 투자한 삼성전자나 현대차 등 주요 한국 기업들의 업무가 마비될 수도 있는 긴박했던 순간이었습니다. 게다가 트럼프는 한때 영주권 신청자의 입국을 금지하는 행정 명령을 발표하기도 했습니다. 결국 불법 이민만이 아니라 합법적 이민으로 연결되는 모든 통로를 크게 제약하는 행정 명령을 시시때때로 내렸던 겁니다.

물론 2024년 유세 때는 합법 이민자에 대한 입장을 크게 선회하여 미국에서 대학을 졸업한 외국인에게 자동으로 영주권을 주겠다는 파격적인 공약을 발표하기도 했지만, 이는 미국 정치 자금계의 큰손인 실리콘 밸리 투자자들과 빅테크 기업들의 지지를 얻기 위한 시도로 보입니다. 사실 트럼프 대통령 첫 임기 때 트럼프가 전문직 기술자들의 비자 발급을 제한하거나 지연시키자 빅테크 기업들과 여기에 투자한 월가는 트럼프에게 강한 불만을 제기했고, 그 뒤에도 다양한 이슈로 부딪치면서 앙금이 계속 쌓여 왔는데요. 그런 트럼프가 합법 이민자에 대해 관대한 태도로 전환한 것은 실리콘 밸리나 월가를 향한 일종의 구애라고 볼 수 있습니다.

그럼에도 불구하고 트럼프는 유세 기간 동안 일론 머스크를 제외하고는 이렇다 할 실리콘 밸리의 지지나 후원을 끌어내지 못했습니다. 결국 실리콘 밸리의 후원 없이 대통령이 되는 데 성공한 트럼프가 굳이 실리콘 밸리가 원하는 인재를 공급해 주기 위해 기술 이민이나 전문직 취업 비자에 관대한 정책으로 선회할지는 불확실한 상황입니다. 이 문제에 관해서는 실리콘 밸리에서 유일하게 트럼프 편을 들었다고 할 수 있는 일론 머스크의 역할이 중요하다고 생각됩니다. 일론 머스크는 불법 이민은 강력히 단속해야 하지만 주로 테크 기술자들이 활용하는 H-1B 비자는 대폭 확대해야 한다고 주장해 왔던 만큼 트럼프의 전향적인 자세를 이끌어 낼 가능성이 없지는 않습니다.

그러나 트럼프 1기 때처럼 이번에도 불법 이민자는 물론 합법적인 취업 비자나 이민에 대해 심사를 강화하고 비자나 영주권 발급을 제한할 경우 미국에서 노동 공급이 줄어들어 인건비가 더욱 치솟아 오를 수 있는데, 인플레이션 위험이 아직 끝나지 않은 미국에서 물가 불안 요인으로 작용할 수 있습니다. 이 때문에 트럼프가 취임 초기에 미국 이민 정책을 어떻게 설계해 나갈 것인지가 미국의 인건비뿐만 아니라 인플레이션과 금리에 아주 큰 영향을 미치게 될 것입니다.

트럼프 2.0 시대에 물가를 자극할 또 다른 요인은 트럼프의 주요 공약인 대대적인 감세입니다. 트럼프가 공약한 감세 규모는 향후 10년간 5조 달러(6,700조 원)로 우리나라 1년 예산의 10배나 됩니다. 물론 감세 자체가 직접 물가를 끌어올리는 것은 아니지만, 세금을 덜 걷게 되면 사실상 돈이 풀리는 효과를 가져오기 때문에 결국 간접적으로 물가를 상승시키는 원인이 될 수 있습니다.

트럼프의 감세는 인플레이션을 자극할 뿐만 아니라 또 다른 문제를 가져올 수 있습니다. 재정 적자가 크게 늘어난 만큼 미국의 국가 부채가 더욱 빠르게 늘어날 가능성이 큽니다. 이미 바이든 행정부에서 재정 지출을 대폭 확대한 탓에 미국의 국가 부채가 빠른 속도로 증가해서 바이든 취임 당시인 2021년 1월에 27.8조 달러였던 미국 국가 부채가 2024년 7월에 이미 35조 달러를 돌파했고, 바이든이 퇴임할 때쯤엔 36조 달러에 육박할 가능성이 큽니다. 그런데 이런 상황에서 트럼프가 별다른 세수 확보 없이 대규모 감세까지 하게 되면 미국의 국가 부채는 더욱 빠른 속도로 불어날 수밖에 없습니다.

물론 트럼프는 감세로 줄어든 세수를 대중국 관세와 보편적 관세를 통해 충분히 메울 수 있다고 주장하고 있지만, 미국의 세금 정책을 연구하는 싱크탱크인 세금재단Tax Foundation은 트럼프 감세 공약 중 소득세 감세만 대체하려고 해도 70%의 보편적 관세를 매겨야 한다는 연구 결과를 발표했습니다. 여기에 법인세 감세 등 트럼프가 약속한 온갖 감세를 모두 관세로 대체하려면 미국이 수입하는 모든 수입품에 대해 100%가 넘는 관세를 매겨야 할 판입니다. 그러면 미국의 물가가 폭등하는 것은 물론 유럽과 중국 등 주요 국가들이 보복 관세를 부과할 가능성이 커질 것입니다.

이처럼 트럼프의 감세는 관세로 다 대체할 수 없기 때문에 결국 국채 발행으로 메우게 될 텐데요, 미국 국채가 지금보다도 더 빠른 속도로 늘어나게 되면 시중의 자금을 빨아들이는 블랙홀이 될 가능성이 큽니다. 이렇게 미국 국채가 넘쳐 나게 되면 국채 가격이 하락해 시중 금리가 치솟아 오르는 현상이 일어날 수 있습니다. 이 경우엔 미국 연준이 아무리 기준 금리를 낮춰도 장기 시장 금리가 그만큼 하락하지 않게 됩니다. 그러면 주택담보대출 금리를 역대 최저 수준으로 낮추겠다는 트럼프의 공약은 사실상 실현이 불가능한 공약이 될 수 있습니다.

결국 트럼프 대통령이 공약한 대로 저물가 저금리 상황을 유도하려면 후보 때 내세웠던 다른 공약들의 대대적인 수정이 필요합니다. 불행인지 다행인지 트럼프 1기 때 공약 이행률은 연구 기관에 따라 조금 다르지만 25%~44% 수준에 불과해 오바마 전 대통령의 공약 이행률이었던 50%보다 낮은 편이었습니다. 다만 트럼프 1기 때는 공화당조차 장악하지 못했기 때문에 사실 트럼프가 강력하게 원해도 공약을 이행할 수 없었지만, 트럼프 2.0 시대에는 트럼프의 영향력이 크게 확대된 만큼 트럼프가 자신의 공약을 그대로 강행할지 아니면 현실에 맞게 수정할지는 지켜봐야 할 것 같습니다.

트럼프 2.0 시대

글로벌 대격변이 시작된다

TRUMP 2.0 ERA

험난한 경제적
도전이 시작된다

●

트럼프 대통령의 첫 임기 당시 미국 경제는 글로벌 금융 위기의 여파에서 완전히 벗어나 지속적인 회복세를 보였습니다. 2017년 미국의 경제 성장률은 2.2%로 양호한 수준이었고, 76개월 연속 일자리 증가라는 새로운 기록을 세운 시기였습니다. 인플레이션이라는 단어는 사라진 지 오래였고, 오바마 임기 후반기에 건전 재정을 회복해 놓았기 때문에 재정 적자도 크게 걱정할 필요가 없었습니다. 덕분에 트럼프는 취임하자마자 대규모 감세를 단행할 수 있었고, 이로 인해 기업 이윤이 대폭 증가하자 미국 증시는 지속적인 상승세를 보였습니다.

그러나 트럼프 대통령 두 번째 임기는 시작부터 험난한 미래를 예고하고 있습니다. 미국의 경제 성장률은 2023년에 이어 2024년에도 2.5% 안팎의 높은 성장률을 기록할 것으로 보이지만, 문제는 2025년부터 미국의 성장률이 악화될 것이라는 전망이 많다는 점입니다. IMF와 OECD는 미국의 성장률이 1.8%로 하락할 것으로 보고 있습니다. 심지어 미국이 경기 침체에 빠져들 것이라는 비관적인 견해도 만만치 않습니다. 세계 최대 규모의 회계법인인 딜로이트Deloitte는 미국의 성장률이 1.1%로 주저앉을 것이라는 전망을 내놓기도 했습니다.

경기 침체를 겪든 아니든 미국 경제 성장이 둔화된다는 점은 거의 분명한 상황인 것 같습니다. 이럴 때 경기를 회복시킬 수 있는 가장 효과적인 방법은 재정 정책으로 돈을 푸는 것이지만 트럼프 2.0 시대에는 강력한 재정 정책을 쓰기가 쉽지 않습니다. 이미 미국의 국가 부채는 2017년 20조 달러에서 단 8년 만에 무려 16조 달러나 늘어 36조 달러(4경 8천조 원)에 육박하고 있습니다. 더구나 옐런 재무장관이 대선을 앞두고 장기국채 발행 비중을 줄이고 3개월이나 6개월짜리 단기국채로 돌려막기를 해 왔던 것도 앞으로 큰 문제가 될 수 있습니다.

사실 미국이 계속 단기국채로 돌려막기를 한다는 것은 말도 안 되는 일입니다. 단기국채로 돌려막기를 하면 자주 상환해야 하기 때문에 재정 운용에 큰 부담이 되는 데다가, 단기국채 물량이 과도하게 늘어나면 금융 시장의 변동성을 높이게 되고 갑작스러운 유동성 위기에 빠질 위험도 커지게 됩니다. 또한 단기국채 비중이 과도하게 높으면 위기가 발생했을 때 추가 국채 발행 여력이 줄어들어 정부의 대응 능력이 약화될 수 있습니다. 지금 비정상적으로 높은 단기국채 비중을 정상 수준으로 낮추기 위해서는 장기국채로 전환해 나가야 하는데, 트럼프 임기 내에 이 같은 조치를 마무리하지 않으면 언제든 금융 불안으로 연결될 위험성이 있습니다.

만일 지금까지 단기국채로 조달했던 자금을 장기국채로 전환하기 시작하면 어떤 일이 일어날까요? 국가 부채가 36조 달러에 육박하는 상황에서 장기국채 발행을 늘리면 민간 금융 회사들이 장기로 운용하는 시중 자금을 빨아들여 시중 금리가 오르게 됩니다. 이 때문에 옐런이 바이든 임기 내에 장기국채 발행을 최대한 억제했던 것인데, 이제부터 미국 정부가 과도한 단기국채를 장기국채로 전환하기 시작하면 기준 금리 인하에도 불구하고 장기 금리 인하 속도가 더딜 가능성이 큽니다. 이는 기업의 장기 투자 계획에 부정적인 영향을 미치게 되므로, 장기국채 발행으로 재정 지출을 늘릴 경우 민간 부문의 투자와 소비를 위축시키는 구축 효과Crowding out effect가 일어날 수 있습니다.

바이든 행정부와 옐런 재무장관이 남긴 과도한 부채, 그 중에서도 단기 부채가 트럼프 두 번째 임기 내내 큰 걸림돌이 될 텐데, 문제는 이렇게 나라 곳간이 텅텅 빈 상황에서 트럼프가 대규모 감세까지 고집하고 있다는 점입니다. 감세 정책이 공약대로 시행된다면 미국의 국채 발행은 더욱 천문학적으로 증가하게 될 겁니다. 트럼프 1기 때는 상대적으로 지금보다 국가 부채가 작았고 재정 적자도 크지 않았기 때문에 감세 정책이 경기를 부양하는 효과를 가져왔지만, 이번 감세는 장기국채 발행으로 이어져 오히려 민간 소비를 위축시키게 될 것입니다.

트럼프 2.0 시대에 미국 금융 시장을 위협하는 또 다른 문제는 바로 상업 은행의 부실입니다. 미국은 전 세계에서 인구 대비 중소형 은행이 가장 많은 나라로, 2023년 연방예금보험공사FDIC 등록 기준으로 4,072개나 됩니다. 이렇게 은행이 많은 이유는 전국 단위로 영업하는 몇몇 초대형 은행을 제외한 나머지 은행들이 주州 단위로 영업을 하는 중소형 은행들이기 때문입니다. 이 중소형 은행들을 무시할 수 없는 게 미국의 25대 대형 은행들의 자산 총액이 5조 8천억 달러인 데 비해,

나머지 중소형 은행들의 자산 총액이 6조 6천억 달러나 되기 때문입니다.

문제는 중소형 은행들이 국채 금리 상승과 상업용 부동산 대출 문제로 심각한 위기를 겪고 있다는 점입니다. 스탠포드 대학은 미국의 국채 금리 상승으로 인해 2023년 5월을 기준으로 미국 전체 은행이 2조 2천억 달러의 미실현 손실을 보고 있다는 다소 충격적인 내용의 리포트를 내놨습니다. 미실현 손실이란 금리 상승에 따른 국채 가격 하락으로 실제로는 손실을 봤지만 장부상으로는 이를 반영하지 않기 때문에 겉으로 드러나지 않은 손실을 뜻합니다. 미실현 손실은 채권 만기까지 고객들이 예금을 찾아가지 않으면 문제없이 지나갈 수 있지만, 만약 채권 만기가 도래하기 전에 돈을 인출하기 시작하면 낮아진 가격에 채권을 팔아야 하기 때문에 은행이 부실화할 우려가 있습니다.

그 대표적인 사례가 바로 2023년 실리콘 밸리 은행 파산입니다. 실리콘 밸리 은행은 미국의 4천여 개 은행 중에 자산 순위가 무려 16위에 이르는 대형 은행이었지만, 자산 관리 인력의 수준은 중소형 은행에 불과했습니다. 그래서 팬데믹 시기에 재난 지원금이 풀리면서 예금이 급증하자 이 돈을 대부분 미국 국채에 쏟아부었습니다. 문제는 미국 국채 금리가 당시에는 1%도 안 됐는데 지금은 3~4%대로 치솟아 올라 미국 국채 가격이 폭락했다는 겁니다. 이로 인해 실리콘 밸리 은행이 큰 손실을 봤다는 소문이 퍼지면서 예금자들이 돈을 인출하기 시작하자, 보유하고 있던 미국 국채를 헐값에 내다 팔 수밖에 없었습니다. 그 결과 은행의 미실현 손실이 겉으로 드러나기 시작했고, 이에 대한 뉴스가 SNS를 타고 삽시간에 퍼지면서 은행에서 돈을 찾으려는 사람들이 몰려드는 뱅크런 Bank-run이 일어나 실리콘 밸리 은행은 결국 파산하고 말았습니다.

문제는 지금도 미국 은행들의 상황이 전혀 나아지지 않았다는 겁니다. 2023년 옐런 재무장관이 무제한 예금 보장과 천문학적인 유동성 공급이라는 반시장적인 정책까지 동원해 일단 급한 불은 껐지만, 미국 은행들의 천문학적인 미실현 손실은 전혀 해소되지 않고 여전히 남아 있습니다. 이런 상황에서 미국 경기가 악화되어 실업률이 높아진다면 일자리를 잃은 사람들이 은행 예금을 찾으려 할 것이고, 예금 인출로 미국 중소형 은행들이 보유하고 있던 미국 국채나 모기지 채권을 팔기 시작하면 채권 가격은 더욱 하락하고 이에 겁먹은 예금자들이 은행으로 몰려가는 악순환을 부를 수도 있습니다.

이런 상황이 발생하지 않도록 예방하려면 무엇보다 장기

국채 금리 하락을 유도하는 게 가장 시급합니다. 그러려면 연준이 경기 침체가 본격화되기 전에 신속하게 기준 금리를 중립 금리 수준인 2.9%로 낮추고 연준이 시중의 자금을 빨아들이는 양적긴축QT을 중단해야 합니다. 그렇지만 인플레이션의 위험이 여전히 남아 있기 때문에 이런 과감한 정책을 펴기가 정말 어려운 상황입니다. 게다가 금리를 너무 낮추게 되면 저금리 엔화 자금을 빌려 미국에 투자했던 엔 캐리 자금이 한꺼번에 일본으로 돌아가는 '엔 캐리 트레이드 청산'이 일어날 수 있다는 점도 미국의 과감한 금리 인하의 걸림돌이 되고 있습니다.

2025년에 미국 은행들이 해결해야 할 문제는 채권만이 아닙니다. 또 다른 복병은 바로 미국 은행들의 상업용 부동산 대출 부실 문제입니다. 미국의 상업용 부동산 대출은 통상 5년 고정 금리 상품입니다. 그런데 상업용 부동산 투자가 집중적으로 이루어진 시기는 코로나로 금리가 크게 낮아진 2020년부터 2022년 상반기까지로, 상업용 부동산 대출의 만기가 2025년부터 2027년까지 집중적으로 돌아오기 시작합니다. 만기가 되면 대출을 연장하든가 아니면 빚을 갚아야 하는데, 만일 건물 가치 하락으로 담보 가치를 인정받지 못하면 최악의 경우 건물을 강제로 팔아야 하는 상황에 처할 수 있습니다.

현재 미국의 상업용 부동산은 역사상 최악의 위기를 맞고 있다고 해도 과언이 아닙니다. 2024년 미국의 전국 오피스 공실률은 무려 19.4%에 이르며, 특히 샌프란시스코의 오피스 공실률은 37%로 미국에서 가장 높은 공실률을 기록하고 있습니다. 그런데 이것이 끝이 아닙니다. 미국의 신용 평가 회사인 무디스Moody's는 2026년이 되면 전국 상업용 부동산 공실률이 무려 24%까지 치솟을 것이라고 내다봤습니다. 이렇게 공실률이 높으면 수익성이 악화되어 빚을 갚기가 어려울 뿐만 아니라, 건물의 가치가 떨어져서 대출 만기가 됐을 때 만기 연장을 받아 내기가 매우 힘들어집니다.

결국 2025년 이후에는 대출 만기 연장을 받아 내지 못한 상업용 빌딩이 무더기로 경매 시장에 쏟아져 나올 가능성이 큽니다. 이 같은 현상이 이미 2024년부터 미국 주요 도시를 휩쓸면서 벌써부터 많은 건물들이 헐값에 거래되기 시작했습니다. 2024년 뉴욕 맨해튼 중심가에 있는 23층 대형 건물이 온라인 경매에서 단돈 850만 달러(120억 원)에 거래되었는데, 이는 2006년 3억 3200만 달러(4500억 원)보다 무려 97%가 하락한 가격입니다. 앞으로 2025년부터 2027년까지 부동산 담보 대출 만기가 집중되어 있는 만큼 앞으로 미국 주요 도시에서 헐값 경매가 속출할 가능성이 큽니다.

　이런 상황에서 트럼프의 감세 정책은 미국 상업용 부동산과 은행들의 미래를 더욱 악화시킬 수 있습니다. 만일 트럼프 대통령이 고질적인 미국의 재정 적자 문제를 해소하지 않고 자신의 공약대로 대규모 감세를 한다면 미국이 더 많은 국채를 발행해야 하는데요. 이 경우 연준이 기준 금리를 낮춰도 미국의 국채 금리가 오히려 상승하는 현상이 일어날 수 있습니다. 그러면 미국의 시중 금리가 쉽게 내려가지 않아 미국의 상업용 부동산 건물주와 이들에게 돈을 빌려준 은행들의 어려움이 더욱 가중될 우려가 있습니다. 이처럼 2025년 이후 미국의 국가 부채와 금융 시장의 상황은 트럼프에게 매우 도전적인 환경을 만들 가능성이 큽니다.

트럼프
2.0
시대

2장

국제: 더 격화된 무력 충돌

TRUMP 2.0 ERA

앞으로 7년
대만 침공이 위험하다

●

우크라이나와 러시아의 전쟁이 시작된 이후 이제는 세계 어디서든 전쟁터가 될 수 있다는 우려가 커졌습니다. 특히 트럼프 2.0 시대에는 중국과 대만의 전쟁 가능성이 높아진 점이 우리나라의 안보뿐만 아니라 경제에도 큰 위협이 될 수 있습니다. 대만 해협은 한국의 해상 운송량의 33.27%를 차지할 뿐만 아니라 우리가 중동에서 수입하는 원유의 99%가 지나는 중요한 길목입니다. 만일 대만과 중국 사이에 전쟁이 난다면 이 해상 운송로가 막힐 가능성이 큽니다. 전쟁까지 갈 것도 없이 중국이 대만을 압박한다며 대만 앞바다를 봉쇄하기만 해도 우리 경제에 큰 영향을 미칠 수 있습니다.

그렇다면 중국이 대만을 무력으로 침공할 가능성은 얼마

나 될까요? 이와 관련해 날카로운 분석으로 미국에서 큰 반향을 일으킨 책이 있습니다. 미국의 저명한 정치학자인 마이클 베클리와 할 브랜즈 교수가 함께 쓴 〈중국은 어떻게 실패하는가〉입니다. 이 책은 인류 역사 속에서 패권 국가와 도전 세력 사이에 전쟁이 일어났던 이유를 집중적으로 분석합니다. 이를 통해 패권 국가와 도전 국가의 경쟁이 격화된 상황에서 급속히 추격하던 도전 국가의 성장이 꺾여 쇠퇴하기 시작하면 무력 충돌이 일어날 가능성이 크게 높아진다고 주장합니다. 도전 국가가 정점을 찍고 쇠락하기 시작하면 패권 국가가 될 기회의 문이 닫힌다는 두려움에 사로잡혀 조급해지고, 그 결과 잘못된 결정을 내릴 가능성이 커진다는 겁니다. 1차 세계대전 당시 독일을 대표적인 예로 소개합니다. 성장이 멈추기 시작한 독일이 극도로 초조함을 느끼게 됐고, 결국 1차 세계대전을 불러왔다는 주장입니다.

이런 측면에서 저자들은 현재 중국의 상황이 마치 1차 세계대전 직전의 독일처럼 매우 위태롭다고 보고 있습니다. 사실 그동안 중국의 강력한 성장 동력은 인구에서 나왔습니다. 생산 연령 인구(15~64세 인구)가 지속적으로 증가하면서 빠른 성장을 할 수 있었던 것입니다. 그런데 2011년 생산 연령 인구가 9억 명으로 사상 최고치를 기록한 이후 지속적으로 감소하고 있기 때문에 향후 중국의 경제 성장률이 큰 폭으로 둔화되고 국력도 조만간 정점을 찍고 약화되기 시작할 것이라고 내다보고 있습니다. 더구나 이렇게 인구 구조가 악화될 때 중국이 큰 실책을 했는데요. 미국과 패권 전쟁을 하는 동안 주변 국가를 끌어안기는커녕 오히려 강하게 압박한 탓에 주변 국가들을 적으로 돌렸다는 점입니다. 이로 인해 중국의 성장세가 완전히 꺾일 수 있다고 지적하고 있습니다.

문제는 중국의 정치 환경마저 경직된 탓에 중국이 잘못된 선택을 할 가능성이 더 커졌다는 점입니다. 중국은 마오쩌둥 전 주석이 사망한 이후 권력이 분산되어 상대적으로 안정된 정치 환경을 유지하고 있었습니다. 장쩌민, 후진타오 시기에 최고 지도자는 첫 번째 동료 중 한 명first among equals이란 개념이었기 때문에 국가 주석이라고 하더라도 권력이 일부분 제한되어 있었습니다. 그러나 시진핑 체제로 바뀐 뒤 국가 주석의 임기 제한이 폐지되어 법적으로 종신 집권까지 가능해졌습니다. 시진핑은 당 총서기, 국가 주석, 중앙군사위원회 주석 등 세 가지 핵심 지위를 모두 보유하고 정치국 상무 위원회와 정치국을 모두 자신의 측근들로 세웠습니다. 그리고 시진핑이 3기 연임에 성공하면서 1989년 이후 유지되어 오던 중국의 집단 지도 체제가 사실상 와해되고 1인 통치 체제가 굳건

해졌습니다.

지금까지 중국이 경제에 대해 유연한 정책을 쓸 수 있었던 것은 집단 지도 체제 덕분이었다고 해도 과언이 아닙니다. 경제적 실정이 있었다고 해도 1인이 아닌 집단 지도 체제가 함께 책임을 지는 구조였고, 최악의 경우 국가 주석을 바꾸면 되기 때문에 공산당 자체가 비난의 대상이 되는 것은 피할 수 있었습니다. 하지만 지금은 사실상 시진핑 1인 지배 체제이다 보니 중국 경제가 잘못되면 오롯이 시진핑 주석의 책임이 되기 때문에 더욱 권력에 집착할 수밖에 없습니다. 더구나 1인 지배 체제의 최대 약점은 권좌에서 물러났을 때 정치 보복을 당할 수 있다는 점입니다. 이 때문에 시진핑 체제하의 중국은 정치 문제를 중국 경제보다 더 우선시하게 된 것입니다.

시진핑 체제하의 중국은 정치 권력 강화를 위해 빅테크 산업을 약화시켰고, 공동 부유를 하겠다며 온갖 신산업을 억압했습니다. 자신의 치적이라고 생각한 제로 코로나 정책을 너무나 오랫동안 지속한 탓에 중국의 내수 시장은 극심한 불황을 겪고 있습니다. 게다가 중국의 관문 역할을 해 온 홍콩의 경제적 위상까지 약화시켰고, 주변 국가와 당장은 별 실익이 없는 영토 분쟁까지 벌이는 바람에 갈등이 끊이지 않고 있습니다. 게다가 2024년 9월부터는 중국의 금융 산업까지 단속하고 나섰는데요. 이렇게 정치 권력 강화를 위해 경제 문제를 희생하다 보니 중국 경제가 계속해서 더 악화되는 악순환에 빠지고 만 것입니다.

만일 중국 경제가 좀처럼 회복되지 않을 경우는 시진핑 체제에 대한 불만이 더욱 커질 텐데, 중국이 이런 불만을 외부로 돌리려 할 경우 국제 정세는 더욱 불안해질 수밖에 없습니다. 그래서 〈중국은 어떻게 실패하는가〉의 저자들은 앞으로 10년이 가장 '위험한 구간'이 될 것이라고 전망합니다. 이 책이 출간된 시기가 2022년인 만큼 앞으로 7년 동안이 가장 위험한 시기라고 예견한 셈입니다. 그렇다면 중국이 내릴 수 있는 '잘못된 결정'에는 어떤 것들이 있을까요? 저자들의 주장을 정리해 보면 다음과 같습니다.

1. 주변국들에 대해 더욱 공격적인 자세, 특히 아시아 지역에 대한 압박 증가

2. 경제 성장 둔화에 대응하기 위해 위험한 대외 경제 정책을 채택

3. 사회적 불안을 억제하기 위해 강압적인 내부 통제 정책 시행

4. 대미 긴장을 더욱 고조시키는 결정으로 미국과의 갈등 심화

5. 대만에 대한 군사적 행동을 취하는 가장 극단적인 시나리오도 가능

1번부터 4번까지는 이미 중국이 시행하고 있는 정책이라고 할 수 있습니다. 특히 1번과 관련해 중국은 필리핀과 남중국해 영유권 문제로 잦은 충돌을 빚고 있습니다. 중국과 필리핀이 긴장을 완화하기로 합의했음에도 중국이 계속해서 필리핀 어선이나 해안 경비대 선박에 물대포 공격을 하는 바람에 양국의 긴장이 더욱 고조되고 있습니다. 또한 중국은 인도와도 심각한 갈등을 빚고 있습니다. 2020년 6월과 9월에 두 나라의 국경 지역인 갈완 계곡에서 양측 모두 수십 명의 사상자를 내는 무력 충돌을 벌이기도 했습니다. 문제는 그 뒤의 상황입니다. 인도는 중국 제품에 대한 무역 장벽을 높이고 틱톡 등 무려 500개가 넘는 중국 앱을 금지했습니다. 게다가 인도는 지금까지도 중국인들의 입국을 거의 허용하지 않고 있습니다. 심지어 두 나라 사이의 직항 편이 완전히 중단된 탓에 중국에서 인도까지 가려면 여러 나라를 경유해야 하는 상황입니다.

저자들이 우려했던 2번, 즉 중국의 경제 성장 둔화에 대응하기 위해 위험한 대외 경제 정책을 밀어붙이는 현상도 더욱 심화되고 있습니다. 중국의 과잉 생산 문제가 갈수록 심각해지고 있는데 구조 조정을 하기는커녕 오히려 보조금까지 줘가며 중국 기업들의 과잉 생산을 부추기면서, 이렇게 생산된 물건을 다른 나라에 수출해 밀어내는 전략을 쓰고 있습니다.

철강, 알루미늄, 배터리, 전기차, 석유 화학 등 거의 모든 제조업 분야에 과잉 설비를 만들어 놓고 정부 보조금이나 국영은행의 전폭적인 지원으로 수출 단가를 인위적으로 낮춰 다른 나라에 떠넘기고 있습니다. 그야말로 초저가 제품으로 주변 국가의 산업을 초토화시키고 자국 경제만 살려 보겠다는 위험한 선택이라고 볼 수 있습니다.

사회적 불안을 억제하기 위해 강압적인 자국 통제 정책을 시행하는 3번도 점점 더 심각한 상황으로 가고 있습니다. 중국은 국민들에 대한 내부 통제를 강화하고 해외 기업인들의 활동을 감시하는 반간첩법을 2023년 7월 1일부터 시행하고 있습니다. 중국인들은 반간첩법을 어떻게 생각하는지 몰라도 우리 눈에는 정말 황당하게 보입니다. 중국인들이 해외 언론과 인터뷰할 때 정부 정책에 비판적인 의견을 제시하면 간첩 행위로 간주되어 처벌받을 수 있습니다. 심지어 중국인이 외국인 친구와 SNS로 대화하다가 정부 정책을 비판해도 '외국 스파이와의 접촉'으로 해석해 처벌이 가능합니다.

반간첩법은 외국인이나 외국 기업에도 동일하게 적용됩니다. 외국 기업이 중국 시장 진출을 위해 시장 조사를 하는 것도 '경제 스파이 행위'로 간주될 위험이 있습니다. 심지어 우리가 중국에 놀러 갔다가 군사 시설 근처에서 무심코 사진을 찍었다가는 자칫 '군사 기밀 수집'으로 감옥에 갈 수도 있습니다. 반간첩법의 가장 무서운 점은 법 적용이 워낙 모호해서 우리의 모든 일상적인 활동이 잠재적 처벌 대상이 될 수 있다는 점입니다.

그렇다면 중국은 5번, 즉 대만에 대한 군사적 행동을 취하는 가장 극단적인 상황까지 갈 수도 있을까요? 〈중국은 어떻게 실패하는가〉의 저자들은 중국과 대만이 무력충돌할 가능성을 결코 낮게 보지 않았습니다. 그래서 미국과 동맹국들이 적절히 대응하지 않으면 중국의 경제 성장이 정점을 지나 쇠퇴하기 시작할 때 '잘못된 선택'을 할 가능성이 크다고 보고 있습니다. 저자들의 주장을 요약하면 '최악의 지정학적 재앙은 야망과 절박함이 교차할 때 일어난다'고 하는데, 앞으로 7년은 중국의 야망과 절박함이 교차하는 시기일 가능성이 매우 큽니다.

이 책은 출간과 동시에 미국에서 매우 큰 관심을 끌었습니다. 그러나 중국이나 친중 인사들의 반론도 만만치 않습니다. 우선 미국은 민주적 선거로 대통령을 뽑는 만큼 길어야 10년 정도를 내다보고 계획을 세우는 반면, 중국은 정치 교체가 없는 독재 체제인 정치 구조의 특성상 30년 혹은 100년 단위의 계획을 세운다는 겁니다. 그래서 이 책이 중국의 전략적 인내심을 과소평가했다는 비판을 받기도 하는데요. 저는 중국의 정치 체제가 집단 지도 체제에서 시진핑 1인 체제로 전환됐기 때문에 과거처럼 중국이 30년 혹은 100년 단위의 전략적 인내심을 발휘할 수 있을지에 대해 상당한 의구심을 갖고 있습니다. 중국의 정치 체제가 1인 체제로 바뀐 뒤부터는 경제 위기나 침체가 올 경우 오롯이 시진핑 주석의 책임이 될 수밖에 없습니다. 이런 상황에서 중국 내부의 불만이 걷잡을 수 없이 커지게 되면 다른 나라와 갈등을 유발해서라도 중국인들의 관심을 외부로 돌리려고 시도할 겁니다.

이런 관점에서 볼 때 앞서 설명한 대로 트럼프가 '중국으로부터의 수입 중단 4개년 계획'을 강행하려 할 경우 중국을 경제적으로 고립시킬 수 있을지는 몰라도 전쟁의 위협은 더 커질 수밖에 없습니다. 만일 중국이 글로벌 공급망에서 정말로 제외될 경우에는 전쟁의 유혹에 더 쉽게 빠질 수 있습니다. 실제로 2차 세계대전 당시 일본이 미국의 진주만을 기습한 것도 이 같은 절박함 때문이라고 할 수 있습니다. 일본이 중국에 이어 프랑스령 인도차이나를 침공하고 태국까지 압박하자 미국은 1941년 8월 1일 일본을 침략국으로 규정하고 일본에 대한 석유 수출을 전면 금지했습니다. 이로 인해 일본은 석유 수입의 94%가 줄어들 게 됐고, 이제 더 이상 잃을 것이 없다고 생각한 일본이 결국 진주만 침공이라는 무리한 선택을 하게 된 것이죠.

TRUMP 2.0 ERA

중국이 대만을 침공할 수 없는 치명적 약점

●

만일 대만이 중국의 손에 들어가게 되면 어떤 일이 일어날까요? 대만에는 TSMC라는 발군의 기업이 있기 때문에 중국이 대만을 손에 넣게 된다면 앞으로 반도체 제조는 중국이 다 가져간다 해도 과언이 아닐 겁니다. 중국은 이미 세계 3위의 파운드리 회사인 SMIC를 갖고 있고, 2024년 한 해 동안 생산 설비를 대폭 늘려 세계 D램 시장 점유율 15%를 노리는 CXMT를 보유하고 있습니다. 이런 상황에서 대만까지 흡수한다면 상상을 초월하는 생산력과 기술력이 결합되어 반도체로 먹고살고 있는 우리나라 입장에서는 심각한 위협이 될 수 있습니다. 그렇기 때문에 대만의 안보는 결국 우리의 문제이기도 합니다.

이미 중국이 대만을 무력으로 침공할 준비가 끝났다고 주장하는 전문가나 군사 관계자들이 적지 않습니다. 심지어 그 시기가 2027년이 될 것이라고 단언한 전문가도 많은데요. 2024년 3월 전 미국 합참의장 마크 밀리는 국가언론클럽 연설에서 "중국이 2027년까지 대만 침공 계획을 세워 뒀지만 시진핑 주석이 아직 최종 결정을 내리지 않았다"라고 밝혀 큰 논란이 되기도 했습니다. 또 같은 시기 미 인도태평양 사령관 존 애퀼리노는 미 하원 군사 위원회 증언에서 "중국에서 나타난 모든 징후는 중국 인민해방군PLA이 2027년까지 대만 침공 준비를 완료하라는 시진핑 주석의 지시를 충실히 따르고 있음을 가리킨다"라고 발언했습니다.

미국의 안보를 책임지는 최고 책임자들인 만큼 이들의 주장을 무시할 수는 없습니다. 적어도 군사적으로는 2027년까지 중국이 대만을 침공할 준비가 완료될지도 모릅니다. 그러나 경제적 측면에서 중국에 치명적인 약점이 두 개나 있기 때문에 섣불리 대만을 침공했다가는 중국이 당장 경제적으로 큰 어려움에 빠질 수도 있습니다. 물론 중국이 2027년까지 결정적 약점들을 보완하기 위해서 애쓰고 있는 건 분명하지만, 단기간에 모두 보완하기에는 굉장히 어려운 난관들이 존재하고 있습니다. 도대체 중국의 결정적인 약점은 무엇일까요?

이에 앞서 중국과 대만의 군사력을 비교해 보겠습니다. 중국의 인민 해방군은 200만 명이 넘는 데 반해 대만은 17만 명밖에 안 되기 때문에 병력 수만 봤을 때는 압도적으로 차이가 납니다. 하지만 중국은 아직 대만을 점령할 만큼의 충분한 해군력과 공군력을 갖추지는 못했습니다. 단순히 숫자만 놓고 보면 중국의 전투기나 전투함 대수가 대만보다 적어도 3배에서 최대 6배까지 더 많지만, 대만을 압도적으로 점령할 만큼 충분한 전력을 확보한 것은 아닙니다. 그래서 중국이 전투함 건조와 미사일 재고 확보에 사활을 걸고 있는데요. 지금 중국의 생산력이라면 앞으로 2027년까지 대만을 압도할 만한 공격 능력을 갖출 가능성이 있습니다.

이처럼 중국의 군비 증강이 무시무시한 속도로 이뤄지고 있지만 지리적으로 분석해 보면 상황이 달라집니다. 대만의 서쪽 해안은 상륙 작전이 가능한 해변이 불과 13곳으로 매우 제한적이어서 대만이 상륙 부대를 방어하기에 매우 유리합니다. 더구나 13곳의 해안 모두 단단한 방어 시설을 구축해 놓고 단거리 정밀 유도 무기와 이동식 해안 방어 순항 미사일 등 상륙 작전에 대비한 막강한 방어 무기를 갖추고 있습니다. 또 중국의 전투기나 공수 부대에 대비해 전국적으로 탄탄한 방공망을 구축하고 낙하한 공수 부대를 포위 섬멸할 수 있는 다양한 군사 작전을 개발해 놓았습니다. 물론 중국의 대규모 부대를 오랫동안 상대하기는 어렵겠지만, 그렇다고 대만이 한순간에 무너질 만큼 그리 만만한 상대는 아닙니다. 이런 상황에서 만약 대만이 중국의 침공을 딱 석 달만 방어한다면 전황이 크게 달라질 수 있습니다.

중국이 갖고 있는 경제적인 약점을 알아보기 전에 먼저 중국이 갖고 있는 지리적 약점부터 짚고 넘어가겠습니다. 중국은 서쪽으로는 바다가 없습니다. 북쪽으로도 없고 북동쪽에는 러시아가 있습니다. 중국이 바다로 나갈 수 있는 길은 전부 미국의 동맹국이거나 또는 미국과 친한 나라들이 포진하고 있는 상태입니다. 게다가 최근에는 필리핀이 친미적 행보를 보이고 있죠. 그러다 보니 중국 입장에서는 섣불리 대만을 쳤다가 자칫 지리적으로 고립되어 갇혀 버릴 위험성이 충분합니다. 이런 지리적 약점 때문에 서방 세력의 제재를 받게 되면 물류가 막혀 중국은 더 이상 대만 침공 작전을 계속하기가 어렵습니다.

이렇게 말씀드리면 러시아 같은 경우는 미국과 서방에서 온갖 제재를 받았는데도 오랫동안 전쟁을 하지 않느냐고 반박하실 수 있습니다. 그런데 여기에는 아주 중요한 이유가 있습니다. 중국은 러시아와 달리 치명적인 약점이 두 개나 있습니다. 바로 식량과 에너지 문제입니다. 중국이 주장하는 식량 자급률은 무려 98%나 되지만 서방의 경제학자들이 수출입 물량을 통해 역으로 추정해 본 결과, 2021년 식량 수입이 1억 6천만 톤이었던 걸 고려할 때 중국의 실제 식량 자급률은 76% 밖에 되지 않을 것이라 추정합니다. 가장 낮게 보는 수치는 67%까지 됩니다.

중국이 정말 필사적으로 노력한다면 식량 자급률을 100%로 만들 수도 있을 것 같습니다. 중국은 청두시 주변에 우리 돈으로 무려 7조 원을 들여서 만든 생태공원을 갈아엎고 농경지로 만들고 있습니다. 게다가 TV 프로그램을 통한 선전전까지 시작했습니다. 중국의 스트리밍 플랫폼 '아이치이'에서 제작한 예능 프로그램 '농사를 짓자'가 대표적인 사례입니다. 중국에서 인기 있는 아이돌과 배우 등 열 명이 190일 동안 농사를 짓는 과정을 그린 이 프로그램은 얼핏 보면 연예인의 농촌 생활처럼 보이지만, 프로그램에 등장한 농촌지도사가 출연자에 대한 정신 교육을 통해 반복적으로 국가적인 식량 안보의 중요성을 끊임없이 강조합니다.

더구나 이제는 중국 농민들이 러시아 시베리아 지역까지 진출하고 있습니다. 지구 온난화로 시베리아 지역이 따뜻해지자 불모지였던 시베리아 땅에 중국인들이 들어가 대규모 기계화 농업으로 농작물을 재배해 중국으로 보내고 있습니다. 러시아 영토인 시베리아를 중국의 식량 안보 기지로 쓰고 있는 겁니다. 2023년 7월부터 2024년 6월까지(중국 농업 연도 기준) 1년 동안 시베리아 지역에서 중국으로 수출된 농산물은 한 해 전보다 무려 5배나 급증했습니다. 이렇게 필사적으로 식량 확보를 위해 노력하고 있기 때문에 어떻게든 식량을 자급할 방법을 찾아낼지도 모릅니다.

그러나 식량과 달리 에너지는 여전히 중국에게 큰 걸림돌이 되고 있습니다. 중국에는 원자력 발전소가 많고 수력과 풍력, 태양광 발전소도 끊임없이 짓고 있기 때문에 전체 에너지 자급률이 빠르게 올라가고 있습니다. 중국은 에너지 자급률이 86%를 돌파했고 조만간 100%를 달성할 것이라고 주장하고 있습니다. 물론 공장을 돌리고 가정에 전기를 보급하는 에너지는 조만간 자급할 수 있을지도 모릅니다. 그러나 전쟁은 여전히 석유로 하기 때문에 장기전을 치르려면 석유 자급률이 중요합니다. 중국의 석유 자급률은 최대로 잡아도 29%에 불과합니다. 나머지 70%는 수입해야 하는데, 중국이 러시아나 중앙아시아에서 수입하는 석유 비중이 20% 정도이기 때문에 나머지 80%는 중동산 석유에 의존하고 있습니다.

그런데 중동산 석유를 중국으로 가져오려면 믈라카 해협

이라는 전략적 요충지를 반드시 통과해야 합니다. 믈라카 해협은 말레이반도와 인도네시아 수마트라섬 사이에 있는 좁은 해협으로, 세계에서 가장 많은 배들이 지나는 지역이지만 가장 좁은 지점의 폭이 고작 2.8km에 불과해 선박 충돌 위험이 있을 정도로 붐비는 곳입니다. 믈라카 해협은 세계적으로 가장 중요한 전략적 요충지 중에 하나입니다. 중국뿐만 아니라 우리나라나 일본, 대만도 믈라카 해협을 통해 원유를 수입하고 있기 때문입니다.

논란의 여지는 있지만 그래도 중국이 지금과 같은 속도로 군비를 증강해 나간다면 수년 내로 대만을 무력으로 점령할 수 있는 군사력을 갖출 가능성이 있습니다. 하지만 중국이 대만과 전면전을 벌이면서 믈라카 해협 인근의 제해권까지 가져가기란 사실상 불가능합니다. 수년 혹은 십수 년 뒤에도 세계의 바다는 여전히 미국의 손안에 있을 가능성이 큽니다. 만약에 중국이 수년 안에 압도적인 군사력을 갖춰 대만을 침공한다고 해도 미국이 믈라카 해협만 막아 버리면 중국은 석유가 없어서 전쟁을 지속할 수가 없게 됩니다.

믈라카 해협의 남쪽으로 멀리 돌아가거나 인도네시아의 수마트라와 자바섬 사이의 순다 해협으로 통과하는 방법도 있긴 하나, 여기에는 호주가 버티고 있습니다. 그래서 미국이 만든 온갖 중요한 군사 동맹에는 호주가 꼭 들어갑니다. 중국이 우회한다 하더라도 호주가 충분히 방어선을 만들어 낼 수 있습니다. 그 밑으로는 뉴질랜드도 있습니다. 호주와 뉴질랜드는 미국과 파이브 아이즈Five eyes라는 첩보 동맹뿐만 아니라 ANZUSAustralia, New Zealand, United States Security Treaty라고 불리는 군사 동맹까지 맺고 있어 전쟁이 나면 자동으로 미국 편에서 싸워야 하기 때문에, 중국의 유조선이 아무리 멀리 돌아간다고 해도 미국과 동맹국들까지 다 피해서 중동의 석유를 싣고 가기는 쉽지 않습니다.

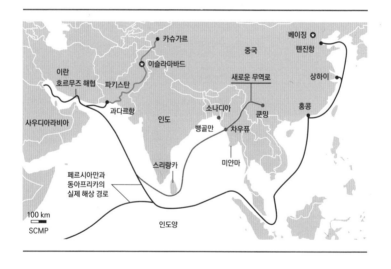

112 트럼프 2.0 시대

그야말로 지리적 약점 때문에 외통수에 걸려 있는 게 중국입니다. 중국도 이 사실을 잘 알고 있기 때문에 그동안 온갖 방법으로 원유 수송로를 확보하려고 노력해 왔습니다. 중국은 육로로 에너지를 수입하는 방안도 끊임없이 연구해 왔는데요. 2003년부터 카자흐스탄과 중국을 연결하는 송유관을 건설해 석유를 수입하고 있습니다. 또한 모허-다칭 송유관을 통해 러시아에서 한 해 3천만 톤 규모의 석유를 수입하고 있습니다. 그러나 중국이 러시아나 중앙아시아에서 수입하는 원유는 전체 원유 수입량의 20% 남짓에 불과합니다. 나머지 80%는 여전히 중동에 의지하고 있기 때문에 믈라카 해협을 통해서 수입할 수밖에 없습니다.

러시아가 세계 2위 석유 수출국인 만큼 러시아와 중국 간 송유관을 더 많이 연결해서 중동 지역 원유 의존도를 낮출 수 있는 것 아니냐고 반문하실 수도 있습니다. 여기서 중국과 러시아의 관계에 주목해 볼 필요가 있습니다. 중국과 러시아는 과거 같은 사회주의 국가였지만 서로 경쟁하는 과정에서 여러 번 싸운 전적이 있습니다. 특히 소련과 미국이 패권 다툼을 할 때 중국이 미국 편에 붙어서 소련의 몰락을 가속화한 역사가 있습니다.

바로 이 외교 전략을 설계한 것이 바로 전 미 국무장관인

헨리 키신저입니다. 키신저는 2023년 사망하기 직전까지 중국과 러시아를 분리해 러시아를 미국 편으로 끌어들이면 에너지와 식량이 부족한 중국과의 패권 전쟁에서 미국이 쉽게 승리할 것이라고 거듭 주장했습니다. 물론 당장은 서방이 우크라이나를 침공한 러시아를 받아들이기 어렵겠지만, 워낙 변화무쌍하고 냉엄한 국제 관계의 현실에서 중국과 러시아가 갈라서는 것은 언제든 가능한 일입니다. 그래서 러시아가 먼저 중국에 '시베리아의 힘 2'라는 새로운 가스 파이프라인 건설을 제안했음에도 중국이 이를 적극적으로 반기지 않은 것입니다.

중국이 대안으로 선택한 것이 바로 미얀마입니다. 중국은 미얀마를 통해서 가스와 석유를 수입할 수 있는 파이프라인을 이미 완공해 놓은 상태입니다. 중국이 미얀마 가스관과 송유관을 활용하면 믈라카 해협을 우회해서 석유와 천연가스를 수입할 수 있습니다. 미얀마 파이프라인은 사실 경제적 측면에서 보면 매우 비효율적입니다. 중국이 믈라카 해협을 통해서 석유를 수입하는 것이 훨씬 더 저렴함에도 불구하고 굳이 미얀마 파이프라인을 건설한 것은 중국의 에너지 안보를 확보하기 위한 측면이 더 컸다고 볼 수 있습니다.

미얀마 송유관은 연간 수송 능력이 2,200만 톤으로 중국의 믈라카 해협 의존도를 14% 정도 줄일 수 있습니다. 그러나 경제성이 크게 떨어지고 군부 세력에 쫓겨난 미얀마 민주 세력이 끊임없이 송유관을 위협하고 있기 때문에 중국은 현재 미얀마 송유관을 외면하고 있습니다. 2023년 중국이 이 송유관으로 수입한 원유가 고작 41만 톤에 그쳤을 것이라는 분석도 있습니다. 이 때문에 미얀마는 송유관 건설로 큰 손해를 본 셈이 됐습니다. 미얀마는 중국이 원하는 파이프라인을 짓기 위해 중국에서 무려 10억 달러의 외채를 빌렸고, 한 해 이자만 5천만 달러가 넘는 돈을 중국에 갚아야 합니다. 그런데 정작 중국이 파이프라인을 활용하지 않고 있기 때문에 미얀마의 송유관 수수료 수입은 한 해에 고작 1,300만 달러에 불과합니다. 중국의 에너지 안보 비용을 미얀마가 대신 내준 셈이 된 겁니다.

이런 상황에서 중국은 또 다른 송유관 건설을 계획하고 있습니다. 중국이 대만을 침공할 경우 미얀마 송유관은 그리 안전한 에너지 수송로라고 보기 어렵습니다. 미얀마까지 무사히 유조선이 도착해야 송유관을 통해 원유를 중국으로 수송할 수 있는데, 그러려면 중국의 유조선이 인도양을 건너야 하기 때문입니다. 지금 인도와 중국의 관계는 극도로 악화된 상황이기 때문에 전시에 중국 유조선을 통과시켜 줄 거라는 보장이 없습니다. 그래서 중국이 가장 원하는 송유관은 이란에서 파키스탄까지 송유관을 연결하고 다시 파키스탄에서 중국 신장 지역까지 히말라야산맥을 뚫는 송유관을 연결하는 것입니다. 사실 이 계획은 2009년부터 계속 언급돼 왔지만 아직까지 건설되지 못하고 있습니다. 이미 미얀마가 중국을 위해 송유관을 만들어 줬다가 빚더미에 깔린 것을 목격한 데다가, 송유관이 지나가는 길목을 파키스탄의 분리주의 세력이 장악하고 있어서 언제든 공격을 받을 수 있는 위험이 있기 때문입니다.

이처럼 중국은 식량과 에너지라는 두 가지 약점을 갖고 있기 때문에 실제로 대만을 무력으로 침공한다는 것이 결코 쉬운 선택이 아닙니다. 자칫 대만을 침공했다가 대만을 점령하지도 못하고 식량난과 에너지난으로 중국 경제만 악화된다면 중국의 지도 체제마저 흔들릴 수 있습니다. 그래서 중국은 중국 영토 내에서 석유 개발을 더욱 가속화하고 원전과 태양광, 수력, 풍력 등 대체 에너지 개발에 박차를 가하면서 전기차 보급을 서두르고 있습니다. 운송용과 산업용 에너지의 석유 의존도가 줄어들면 남는 석유를 군사용으로 돌릴 수 있기 때문입니다. 따라서 중국의 석유 개발이나 에너지 전환이 지금처럼 빠르게 진행된다면 대만 침공이 현실화될 가능성이 높아질 수밖에 없는데요. 중국과 대만의 충돌은 우리 안보에도 밀접한 영향을 주기 때문에 앞으로 중국의 에너지 전략을 세심하게 살펴볼 필요가 있습니다.

TRUMP 2.0 ERA

총 한 방 쏘지 않고
대만을 점령할 수 있다고?

●

지금까지 서방의 군사 전략 연구소들은 대만 문제를 연구할 때 주로 중국의 무력 침공만 걱정해 왔습니다. 하지만 앞서 살펴본 것처럼 중국의 식량과 에너지 자급 문제 때문에 실제로 대만을 무력으로 침공하는 것은 중국에게도 위험한 도박이 될 수 있습니다. 그렇다면 중국 경제가 정점을 찍고 쇠락하기 시작할 경우 중국이 택할 수 있는 선택지는 무력 침공 외에는 전혀 없는 걸까요? 이와 관련해 미국의 싱크탱크인 AEI(미국기업연구소)와 ISW(미국전쟁연구소)가 중국이 총 한 방 쏘지 않고도 얼마든지 대만을 점령할 수 있다는 다소 충격적인 워게임 War game 보고서를 내놓았습니다.

일반적으로 '워게임'이라고 하면 두 세력 이상의 무력 충돌을 시뮬레이션으로 재현한 것을 뜻합니다. 실제 전쟁이 일어난 상황을 가정해 상세한 시나리오를 설정하고, 군사력과 다양한 불확실성 요소들을 고려하여 전쟁의 결과를 예측해 보는 겁니다. 그런데 이 두 연구소가 공동으로 진행한 워게임은 대규모 군사 작전이 아닌 고도의 기만전술과 심리전술을 다루고 있습니다. 이 두 연구소가 1년에 걸쳐 워게임을 설계하고 실제 시뮬레이션을 실행시켜 본 결과, 중국이 군이 무력을 동원하지 않아도 대만을 점령할 방법이 있다는 결론에 다다른 겁니다.

미국의 두 연구소는 총성 없는 대만 점령을 위해 중국이 네 단계의 작전을 실행할 가능성이 있다고 우려했습니다. 1단계는 혼란과 불안을 야기하는 겁니다. 대만 내에서 자꾸만 혼란이 일어나도록 중국이 부추긴다는 거죠. 이 작전은 2025년 말까지 진행된다고 합니다. 2단계는 미국과 대만 간에 갈등을 유발한다는 건데요. 2026년 말까지 작전이 진행되고 나면 3단계는 2027년 5월까지 군사적 위협을 최대한 고조시키는 것입니다. 마지막 4단계는 2027년 말까지 사실상 중국이 대만을 통제하는 단계입니다. 이렇게 네 단계로 나누어 먼저 대만 내에 혼란을 야기시키고, 미국과 갈등하게 하여 대만을 고립시킨 후, 곧 중국과 전쟁이 일어날 것처럼 위기감을 고조시키면 대만 사람들은 중국과 싸우느니 차라리 하나의 중국이 낫겠다고 생각하게 될 거라는 고도의 심리전술입니다.

4단계 전략이 마무리되는 2027년 말에 중국에서 21차 중국 공산당 전국 대표 회의가 열립니다. 이때는 시진핑 주석의 4기 연임 여부가 결정되는 시기입니다. 대만을 실제로 점령하지 못하더라도 친중 성향으로 바꿔 놓을 수만 있다면 시진핑 주석은 충분한 명분이 생기니까 손쉽게 연임을 할 수 있게 될 겁니다. 대만을 무력으로 침공하게 될 경우 TSMC 생산 설비가 파괴되고 TSMC의 주요 인력을 잃어버릴 위험을 감수해야 하지만, 미국의 두 연구소가 우려한 방식으로 대만을 점령하게 되면 중국은 TSMC의 생산 설비와 기술력까지 고스란히 흡수할 수 있습니다.

이런 상황에서 트럼프 대통령의 당선은 과연 어떤 변화를 가져올까요? 트럼프는 미국을 대만의 보험 회사라고 표현하고 있는데요. 그런데도 정작 대만은 보험료조차 납부하지 않고 보험금만 바라고 있다며 대만을 맹비난했습니다. 미국이 방어해 주기를 바란다면 대만은 그에 맞는 정당한 비용을 지불해야 한다는 겁니다. 게다가 트럼프는 중국이 대만을 침공할 경우 미국이 대만을 방어해 줄 것이냐는 질문에 답변을 계속 회피해 온 반면, 대만의 반도체 산업이 미국의 비즈니스를 빼앗았다며 대만에 대한 불쾌감을 드러냈습니다.

이처럼 미국의 방어에 대한 대만의 경제적 이익과 비용 분담을 강조해 온 트럼프 대통령이 당선된 만큼 앞으로 중국으로 인한 미국과 대만 간의 갈등이 커질 우려가 있습니다. 트럼프 대통령이 대만에 막대한 안보 비용을 요구할 경우 '하나의 중국'을 강조해 온 대만 국민당이 미국에 대한 굴욕적 외교 대신 중국과의 관계 개선을 통해 대만의 안보를 지키자고 주장할 가능성이 있습니다. 만약 대만의 국론이 분열될 경우, 중국이 기회를 놓치지 않고 훈련을 빙자해 대만을 포위하고 군사적 위협까지 가하게 된다면 미국 싱크탱크가 우려한 대로 대만인들 사이에서 힘겹게 대만 독립을 지키느니 차라리 안전한 친중이 낫다는 여론이 더 커질 수 있습니다. 이 때문에 트럼프 2.0 시대에는 대만의 안보 불안 문제가 수면 위로 떠오를 가능성이 큽니다.

미국의 싱크탱크가 제시한 워게임의 3단계인 군사적 위협이나 대만 무력 침공이 실제로 일어나게 된다면 우리나라 경제에도 큰 문제를 야기할 수 있습니다. 지금 우리나라가 수입하는 거의 모든 에너지는 중동에서 출발해 대만 해역을 통과하고 있고, 유럽과 중동으로 수출되는 컨테이너 선박은 대부분 대만 인근 해역을 지나가야 합니다. 따라서 지금부터라도 중국과 대만의 군사적 대치 상황이 발생할 경우에 대비해 에너지 공급망과 물류망을 확보할 수 있는 대안을 미리 고민해 둘 필요가 있습니다.

가장 유력한 대안은 러시아 북쪽을 통과하는 북극 항로입니다. 과거 북극 항로는 여름철 4개월만 이용할 수 있었기 때문에 활용 가치가 낮았지만, 지구 온난화의 영향으로 2020년에는 이 기간이 7개월로 늘어났습니다. 지금과 같은 속도로 지구 온난화가 가속화된다면 2030년에는 연중 이용이 가능할 것이라는 전망도 있습니다. 한국에서 서유럽으로 갈 때 기존의 수에즈 운하를 경유하는 방법을 사용하면 21,000km를 가야 하고 통행료도 내야 하지만, 북극 항로를 이용하면 15,000km에 불과해 훨씬 빠르고 경제적입니다. 다만 우크라이나 전쟁 이후 러시아와의 관계가 급속히 냉각된 상황인 만큼 지금으로서는 북극 항로를 활용하는 것이 쉽지 않을 수 있다는 점은 부담입니다.

TRUMP 2.0 ERA

누가 해상 패권을
차지할 것인가

●

앞서 살펴본 것처럼 미중 패권 전쟁이 격화될수록 해상 수송로 확보가 매우 중요한 현안으로 떠오르게 될 텐데요. 이를 위해서는 무엇보다 해상 수송로를 지킬 수 있는 강력한 해군력이 관건이 될 것입니다. 이와 관련해 전 미 태평양 함대 정보국장 제임스 패널은 앞으로 30년 안에 미국과 중국 간에 해상 전쟁이 벌어질 가능성이 크다며 미국의 해군력을 빨리 보강해야 한다고 주장했습니다. 미국의 싱크탱크인 전략국제문제연구소csis도 중국의 급속한 해군력 증강이 바다에서 미 해군의 우위를 위협하고 있다고 경고했습니다.

현재 세계 최강의 해군을 보유하고 있는 국가는 당연히 미국이며, 미국에 이어 공동 2위라고 할 수 있는 러시아나 중국의 해군력과도 격차가 상당합니다. 그런데 이토록 강한 미국 해군에게도 약점이 하나 있습니다. 이제부터 살펴볼 약점을 미국이 어떻게 보완하느냐, 그리고 중국이 미국의 약점을 얼마나 빨리 파고들 수 있느냐에 따라 앞으로 미중 패권 전쟁에 중대한 전환점을 맞을 수도 있습니다.

중요한 외교 현안에 대해 시의적절하게 보고서를 내놓는 것으로 유명한 미국의 싱크탱크 CSIS가 최근에 흥미로운 보고서를 발표했습니다. "중국의 해군력 증강 분석"이라는 제목의 보고서인데, 중국의 급속한 군사력 증강으로 인해 중국 해군이 예상보다 빠르게 해양 전력 측면에서 미 해군을 추월할 태세를 갖췄다는 분석입니다. 그러므로 미국이 조선 산업을 되살리는 근본적인 대책을 내놓지 못한 상태에서 중국이 현재 속도로 함대를 계속 확장해 간다면, 미중 패권 전쟁에서 중국이 승리할 가능성이 점점 커질 거라고 경고했습니다.

CSIS가 1,000톤 이상의 해군 함정을 비교한 결과, 현재 미국은 219척, 중국은 234척을 보유해 대형 전투함 숫자에서 중국이 미국을 앞지른 것으로 나타났습니다. 물론 기술력 측면에서는 미국이 훨씬 압도적이지 않겠느냐고 반박하시는 분들도 계시겠지만 사실 두 나라의 전투함 성능 수준을 숫자로만 단순하게 비교하기는 쉽지 않습니다. 하지만 선박의 전체 톤수는 쉽게 비교할 수 있는데요. 미국의 총전투함이 460만 톤인 반면에 중국은 180만 톤에 불과합니다. 전투함 보유 대수는 중국이 앞섰는지 몰라도 전투함 한 척당 규모는 아직 미국이 훨씬 크다는 것을 의미합니다. 여기에 온갖 기술력까지 고려해 본다면 아직은 미국이 중국보다 훨씬 더 우위에 있는 것이 분명합니다. 그런데 CSIS는 왜 중국의 추격이 무섭다고 경고한 것일까요?

우리가 흔히 생각할 때 미국의 기술력이 훨씬 더 뛰어나기 때문에 그야말로 미국의 전투함 한 척이 중국 전투함과 일당백으로 싸워도 미국이 이길 것 같지만 전문가들의 생각은 다릅니다. 미 해군대학 미래전 연구소 소장인 샘 탱그레디가 지난 1,200년 동안의 해전을 연구한 결과 28번의 해전 중 25번이 전함 수가 더 많은 함대가 승리한 것으로 나타났습니다. 즉 해전에서는 우수한 성능의 선박으로 구성된 소규모 함대보다 많은 함선을 보유한 대규모 함대가 대부분 승리했다는 것입니다. 그 이유가 무엇일까요?

해전의 경우는 더 많은 함정을 보유한 쪽이 처음엔 공격받더라도 상당한 전투력을 갖고 반격이 가능합니다. 또한 지상전과 달리 해전은 여러 방향에서 동시에 포격이 이루어져야 유리하기 때문에 선박 대수도 꽤 중요한 요소가 될 수 있습니다. 게다가 해전이 장기화될수록 자국의 함정 생산력이 더욱 중요해집니다. 침몰한 전투함을 신속하게 대체하거나 손상된 전투함을 빠르게 수리하는 쪽이 승기를 잡을 확률이 커지기 때문입니다. 실제로 2차 세계대전 당시 미국과 일본 간 해전이 사례를 여실히 보여 줍니다. 당시 전함Battleships은 강력한 화력과 두꺼운 장갑을 갖고 2차 세계대전까지 해전의 핵심 역할을 담당했던 군함입니다. 미 태평양 함대가 총 10척, 일본은 총 12척의 전함을 보유하고 있었습니다. 일본의 진주만 기습으로 미국 태평양 함대가 보유했던 전함 10척 중에 4척이 침몰하고 4척이 큰 손상을 입어 미 전함 전력은 사실상 괴멸된 것이나 다름이 없었습니다. 그러나 당시 미국은 엄청난 선박 건조 능력을 자랑하고 있었기 때문에, 손상된 전함을 바로 수리하고 새로운 전함을 지속적으로 건조해 2차 세계대전이 끝날 무렵엔 전함 보유 척수가 25척으로 늘어났습니다. 그런데 같은 기간 일본은 전함 2척을 건조하는 데 그쳤습니다. 이처럼 해전이 장기화될 경우에는 압도적인 선박 건조 능력이 승패를 좌우하는 경우가 많습니다.

그렇다면 미국과 중국 사이에 실제로 해전이 벌어진다면 어떤 결과가 일어날까요? 2023년 1월 CSIS가 2026년 중국이 대만을 침공하는 것을 가정해 워게임 시뮬레이션을 진행해 보았습니다. 그 결과 미국과 중국의 첫 전투에서 중국이 무려 52척의 전투함을 잃은 반면, 미국은 고작 7~20척 밖에 잃지 않은 것으로 나타났습니다. 그러나 중국 함대는 이렇게 심각한 피해를 입고도 막강한 선박 건조 능력을 활용해 계속 전투함을 수리하고 새로 건조하면서 해전을 지속할 수 있을 것이라고 내다봤습니다. 물론 결과적으로 중국 해군은 괴멸 상태가 되고 중국의 대만 점령은 실패로 끝나지만 대만군도 심각한 타격을 입고 경제가 완전히 파괴되는 것으로 나타났습니다. 그리고 이 과정에서 미국도 항공 모함 2척을 잃는 것으로 나타났습니다. 이처럼 미국의 전투함이 훨씬 더 뛰어난 성능을 갖고 있다 하더라도 중국의 해상 인해 전술은 충분히 승산이 있다는 것이 미국의 대표적인 싱크탱크가 내린 결론입니다.

문제는 지금 이 순간에도 중국이 전투함을 아주 빠른 속도로 늘리고 있다는 겁니다. 특히 중국은 2017년부터 순양함을 8척이나 건조했는데, 미국은 2016년 이후 신형 순양함을 단 한 척도 건조하지 못하고 있습니다. 게다가 중국 군함은 약 70%가 2010년 이후에 진수된 나름 최신예 전투함인데 비해 미국 군함은 25%만이 2010년 이후에 진수됐습니다. 제아무리 미국의 기술력이 세계 최강이라 하더라도 20~30년 전에 진수된 전함은 아무래도 최근 건조된 군함보다 기술력이 떨어질 수밖에 없습니다. 중국이 미국의 최신 전투함을 상대하기는 당연히 무리가 있지만 20~30년이 넘은 오래된 군함과는 대적해 볼 여지가 있다는 겁니다.

미국에는 세계 최고의 항모 전단이 있는데 이게 다 무슨 소리인가 싶으신 분들도 계실 겁니다. 그런데 요즘 미국에서는 항모 전단에 대한 믿음이 상당히 흔들리고 있습니다. 미국이 보유하고 있는 11개의 항공 모함 중 4척 이상이 수리 중이고, 2척 이상이 배치 준비 중이라고 알려져 있어 당장 전쟁에 동원할 수 있는 항모는 USS 아이젠하워와 USS 루즈벨트 등 고작 5척뿐이라는 주장도 있습니다. 게다가 이들 항모 중 상당수가 노후화되고 예상치 못한 손상이 발견되고 있음에도 조선소의 인력 부족으로 제때 수리를 마치지 못하고 있다고 합니다.

심지어 미국의 싱크탱크인 CSIS는 현대 해전에서 더 이상 항공 모함이 예전만큼 유용하지 않다며, 미국이 항모 전단에 너무 많이 의존하고 있는 것이 향후 중국과의 해상 패권 전쟁에서 오히려 약점이 될 수도 있다는 평가를 내리기도 했습니다. 물론 미국의 항모 전단 하나만으로도 지구상의 웬만한 나라는 언제든 초토화시킬 수 있을 만큼 강력한 화력을 갖고 있는 것은 분명합니다. 그러나 문제는 최근 들어 항공 모함을 탐지하고 격침시키는 기술이 크게 발달했다는 점입니다. 더구나 적국이 항공 모함을 향해 수많은 미사일과 무인 드론을 동시에 날리면 아무리 뛰어난 이지스함이 있어도 항공 모함을 지키기가 너무나 어려운 상황이 됐습니다. 대함 전투 능력이 없는 나라를 초토화시키는 항공 모함의 화력은 여전히 막강하지만, 정작 항공 모함을 지키는 것은 점점 더 어려워지고 있습니다.

이 때문에 해상전에서 미국과 중국의 전력 차이를 만들고 있는 것은 항모 전단보다 오히려 핵 추진 잠수함이라고 보는 시각도 있습니다. 2024년 현재 중국이 고작 12척의 핵 추진 잠수함을 갖고 있는데 반해 미국은 64척의 핵 추진 잠수함을 보유하고 있는 데다가 기술력도 세계 최고이기 때문에 해상 전력에서 아직 미국이 중국에 대해 압도적인 우위에 있는 건 분명합니다. 다만 중국은 2035년까지 핵 추진 잠수함을 포함해 모두 80척의 잠수함을 확보할 계획이므로 시간이 가면 미국과 중국의 해군 전력 격차가 상당히 축소될 가능성이 있습니다. 물론 잠수함이 더 많아진다고 중국의 해군 전력이 미국을 역전한다는 의미는 아니지만, 향후 잠수함 전력에서 미국이 지금처럼 압도적 우위를 계속 유지하지는 어려울 것이라게 CSIS의 전망입니다.

그렇다면 세계 최강의 기술력을 가진 미국이 잠수함과 순양함 등을 중국보다 더 많이 건조하면 되는 것 아니냐는 생각이 드실 수 있는데요. 이게 생각만큼 간단하지 않습니다. 그 이유는 미국의 조선 산업이 사실상 붕괴된 상태이기 때문입니다. 2024년 세계 각국의 선박 건조 능력을 비교해 보면 중국이 전 세계 40%를 차지해 1위를 기록했습니다. 그다음으로 한국이 35%로 중국에 살짝 뒤처진 상태이고, 일본이 20%로 3위를 기록하고 있습니다. 신규 수주량은 더 큰 차이가 납니다. 2023년 한 해 동안 신규 선박 수주량은 중국이 66.6%로 압도적인 1위를 차지했습니다. 이에 비해 미국은 고작 0.1%에 불과했습니다. 선박 건조 능력 기준으로는 중국이 미국보다 230배가 더 크고, 선박 인도 기준으로는 700배나 더 많습니다.

그럼 미국은 원래부터 선박 건조 능력이 이렇게 취약했던 걸까요? 그렇지 않습니다. 미국이 제해권을 갖고 세계 패권을 장악하게 된 것은 바로 미국의 강력했던 조선업 덕분이었다고 해도 과언이 아닙니다. 2차 세계대전 때만 해도 미국 전국 곳곳에 조선소가 정말 많았습니다. 당시에 미국은 원하기만 하면 얼마든지 선박을 찍어 낼 수 있는 강력한 역량이 있었습니다. 2차 세계대전이 일어났던 5년 동안 리버티급 수송선을 무려 2,710척이나 건조했습니다. 하루에 평균 1.5척을 건조했다는 뜻입니다. 그러면서 동시에 대형 전함 10여 척과 항공모함 151척, 잠수함 203척 등 전투함 1,323척을 만들어 냈습니다. 이게 바로 미국의 조선업이었습니다.

이렇게 엄청난 조선업을 끝장낸 장본인이 레이건 대통령입니다. 앞서 1부에서도 설명했지만 레이건은 취임 당시 미국 경제가 휘청거리자 잘하는 것에 집중하겠다며 조선업 같은 주요 제조업을 사실상 포기하는 선택을 합니다. 그 결과 미국의 선박 건조 능력은 한순간에 나락으로 떨어졌습니다. 그 뒤 미국의 조선업은 미국 정부가 발주하는 전투함 건조로 간신히 명맥을 이어 갔는데, 조선업 기반 자체가 사라지자 전함을 만들 수 있는 능력도 시간이 흐를수록 떨어져 갔습니다.

이렇게 죽어 가던 미국의 조선업을 다시 한번 끝장낸 사건이 있었는데, 바로 중국의 WTO 가입입니다. 중국이 WTO에 가입한 이후 중국의 조선업은 급격하게 성장했고, 2000년대에 조금이나마 살아날 조짐이 보였던 미국의 조선업은 더 깊은 나락으로 추락하기 시작했습니다. 이제 미국은 전 세계 선박 건조 능력에 비해 고작 0.1%밖에 만들 수 없는 나라로 전락해 버린 거죠. 이제 와서야 미중 패권 전쟁의 핵심이 해군 전력이라는 것을 깨닫고 지금 당장 미국의 선박 건조 능력을 향상시켜야 한다는 주장이 계속 제기되고 있습니다. 지금 미국은 선박 건조 능력은커녕 갖고 있는 전투함을 제때 수리할 만한 드라이도크Dry dock조차 충분히 확보하지 못하고 있는 실정입니다.

미국이 이대로 선박 건조 능력을 확보하지 못한 채 2030년대 후반이 되면 문제가 심각해집니다. 중국은 2030년까지 전투함 숫자를 435척으로 늘리겠다는 계획인데, 그러면 중국의 전투함 숫자는 미국의 2배가 됩니다. 더 큰 문제는 2030년대 후반에는 중국 해군의 90%가 새로 건조된 선박으로 채워지는 반면, 미국 전함은 80% 이상이 노후화될 가능성이 크다는 점입니다. 아무리 미국과 중국의 기술력 차이가 크다고 해도 2배나 많은 최신 건조 전투함을 상대한다는 것은 쉬운 일이 아닙니다. 특히 장기전이 되면 모든 상업용 조선소가 전투함 건조에 투입될 텐데 결국 압도적인 조선 능력을 갖고 있는 쪽이 유리할 수밖에 없습니다. 기술력 차이로 전투에서는 계속 패하더라도 지속적으로 전투함을 건조해서 계속 전장에 투입한다면, 결국 생산력이 더 큰 쪽이 장기전에서 승리하는 경우가 많기 때문입니다.

결국 미국의 조선업 자체가 붕괴되어 미국에서 더 이상 예전처럼 빠른 속도로 전함을 만들어 낼 수 있는 능력이 없기 때문에 중국은 언젠가 이 틈새를 노리려고 할 가능성이 큽니다. 앞서 중국이 대만을 침공하지 못하는 결정적인 이유로 미국 해군이 운송로를 다 막아 버리면 중국이 석유 공급을 받을 수 없기 때문에 전쟁을 오랫동안 끌고 갈 수 없다고 말씀드렸습니다. 그런데 중국 전투함이 400척을 넘어서는 2020년대 후반이 되면, 혹은 시간이 더 지나서 2030년대 중국 전투함이 600척을 넘는 상황이 된다면 상황이 달라질 수 있습니다. 특히 잠수함 전력이 매우 중요한데, 중국의 잠수함이 80척이 넘는 2035년이 되면 미국의 힘으로 중국의 석유 수송 라인을 100% 막아 내지 못할 수도 있습니다.

미국도 이 사실을 너무나 잘 알고 있습니다. 그런데 미국은 왜 아무런 조치를 취하지 못하는 걸까요? 그 이유는 조선업 기반이 붕괴되면서 아예 생산 설비가 사라지고 현장 기술마저 소실됐기 때문입니다. 그래도 세계 최고의 첨단 기술을 갖고 있는 미국이니까 지금부터 시작하면 될 것 아니냐고 생각할 수도 있겠지만, 현장의 생산 기술이 완전히 단절된 상황에서 이를 다시 복원하는 것은 결코 쉬운 일이 아닙니다. 지금부터 현장 기술자들을 양성한다고 해도 예전의 생산력을 복원하는 데는 수십 년이 걸릴 수밖에 없습니다. 더구나 한국과 중국의 효율적인 조선 산업을 추격할 때까지 미국의 조선업체가 지속적인 적자를 감당하기도 쉬운 일이 아닙니다.

다급해진 미국은 어떻게든 미국의 조선 능력을 확보하기 위해 비상이 걸렸습니다. 그래서 우리나라에 도움을 요청하기 위해 바이든 정부의 해군성 장관이 우리나라 조선소를 직접 방문하기도 했습니다. 하지만 미국에는 '존스 액트Jones Act'라는 법이 있습니다. 미국에서 운항하는 상선은 반드시 미국에서 건조해야 한다는 법안입니다. 전투함은 이 법의 직접적인 적용 대상이 아니지만 영향을 받아 미국의 모든 전투함은 반드시 미국 땅에서 건조한다는 원칙을 100년이 넘게 지키고 있습니다. 이 점 때문에 미국이 한국과 일본의 조선소를 미국으로 유치해 가려고 하는 거죠. 아무리 우리가 미국에 조선소를 짓는다고 해도 우리 업체에게 첨단 기술이 담긴 최신예 전투함 건조를 맡기기는 쉽지 않을 겁니다. 결국 우리가 미국에 만들어 준 조선소를 통해 현장 기술자가 양성되면 미국 조선업체가 기술자들을 스카우트하는 방식을 취할 텐데요. 이 경우 우리 입장에서는 미국에 진출했다가 자칫 현장 기술력만 전수해 주는 결과를 초래할 수도 있습니다.

그럼에도 불구하고 우리나라 입장에서는 미국의 요청을 마냥 거절하기가 쉽지 않습니다. 이미 첨단 반도체와 배터리 공장을 다 미국에 지었는데 조선소까지 미국에 짓게 되면 과연 한국에 남는 건 무엇일지 걱정이 듭니다. 그렇다면 이런 상황을 오히려 기회로 삼을 방법은 없는 걸까요? 우리가 미국에 조선소를 짓는 경우 상당한 반대급부를 요청해 보는 것도 한 방법이라고 생각합니다. 예를 들어 우리나라가 미국의 선박 건조 능력을 보완해 주는 대신 핵 추진 잠수함을 건조할 수 있도록 요청할 수도 있을 겁니다. 이 좋은 협상의 기회를 놓친다면 우리나라의 해군 전력을 획기적으로 강화할 수 있는 기회도 버리는 것과 같습니다. 우리가 미국을 잘 설득할 수만 있다면 중국과 해상 패권 전쟁을 해야 하는 미국 입장에서도 당장 미국의 동맹인 한국이 핵 추진 잠수함을 한 척이라도 더 갖는 게 유리하다고 판단할 수도 있을 겁니다.

여기까지 말씀드리면 CSIS의 우려대로 2035년이 되면 중국이 미국 해군을 누르고 해상 패권을 장악하게 되는 것 아니냐고 걱정하실 수도 있는데, 반드시 그렇다고 할 수 없는 부분이 있습니다. 중국에도 심각한 약점이 있기 때문입니다. 중국은 현재 성장 동력이 거의 소실됐다고 해도 과언이 아닙니다. 게다가 중국의 GDP 대비 지방 정부 부채와 기업 부채는 역사상 최고치를 기록하고 있습니다. 이 때문에 앞으로 중국의 성장이 크게 둔화된다면 중국의 재정 악화로 전투함 건조 속도도 계획에 미치지 못할 수 있습니다.

이제 해상 패권을 두고 미국과 중국의 숨 막히는 경쟁이 시작되었습니다. 이런 격변하는 국제 정세 속에서 세계 최고 수준의 조선 해양 강국인 한국이 미중 해상 패권 경쟁을 우리나라의 조선 산업 발전과 해군 전력 확대의 기회로 활용하느냐, 아니면 두 나라의 충돌 사이에서 국익을 계속해서 잃어만 갈 것이냐의 중대한 기로에 서 있다고 해도 과언이 아닙니다. 우리나라도 결국 바다로 먹고사는 나라입니다. 3면이 바다인 덕분에 세계 곳곳으로 얼마든지 진출할 수 있었고, 이 과정에서 빠른 속도로 성장을 해 왔던 겁니다. 지금까지는 미국이 단일 패권 국가로 해상 수송로의 안전을 지켜 준 덕분에 우리가 비약적으로 성장하는 발판이 되었지만, 앞으로 미중 해상 패권 전쟁이 시작되면 우리의 해상 수송로를 우리 힘으로 지킬 수 있는 충분한 해군력이 절실히 필요한 시대가 올지도 모릅니다.

트럼프 2.0 시대

글로벌 대격변이 시작된다

TRUMP 2.0 ERA

우크라이나 전쟁의
또 다른 패배자, 유럽

●

우크라이나 러시아 전쟁 이후 유럽과 러시아는 극단적인 대립 관계가 됐습니다. 그러나 러시아가 크림반도를 병합하기 직전까지 러시아와 유럽은 매우 긴밀한 관계를 맺고 있었습니다. 유럽 연합은 러시아의 가장 큰 교역 파트너였고, 러시아로 유입된 해외 직접 투자의 3분의 2는 유럽 연합이 투자한 것이었습니다. 또 유럽은 러시아에서 가스 파이프라인을 통해 값싼 천연가스를 공급받고 있었는데요. 같은 천연가스라도 LNG 선박을 통해 에너지를 수입할 경우 액화와 재기화를 거쳐야 하고 LNG 선박도 이용해야 하기 때문에 에너지 수입 단가가 크게 올라갑니다. 그러나 파이프라인을 통해 기체 상태의 천연가스를 그대로 수입할 경우 수입 가격이 크게 내려갑니다. 특히 2011년 러시아와 독일을 연결하는 '노르트스트림 1'이 완공되자 독일은 막대한 양의 천연가스를 러시아에서 값싸게 수입할 수 있게 됐습니다. 덕분에 독일은 에너지 가격 하락으로 수출 경쟁력이 크게 올라가서 막대한 이득을 누릴 수 있었죠.

그러나 2014년 러시아가 크림반도를 합병한 뒤 상황이 크게 달라지기 시작했습니다. 2014년 2월 27일 우크라이나 땅이었던 크림반도에 러시아 특수 부대가 진입해 주요 시설을 장악했습니다. 그리고 사실상 러시아의 통제하에 3월 16일 주민 투표를 실시했는데, 투표 결과 96.8% 찬성으로 러시아에 합병됐습니다. 물론 크림반도는 인구 65%가 러시아계, 20%가 우크라이나계로 러시아계 인구가 3배나 많았습니다. 그렇다고 해도 96.8% 찬성률은 우크라이나뿐만 아니라 서방 국가들에게 과연 이 투표가 공정하게 치러졌는지 의문이 들게 하는 대목이었습니다. 게다가 군대를 동원해 우크라이나 땅을 기습 점령하고 주민 투표를 실시한 것은 국제법상으로도 용납할 수 없는 일이었습니다.

이 때문에 크림반도가 병합된 2014년부터 미국과 유럽의 대 러시아 제재가 시작됐습니다. 그러나 당시 러시아에 대한 제재는 우크라이나 병합에 관여한 러시아 정부 고위 인사에 대한 자산 동결이나 여행 금지 조치 등 매우 미온적이고 형식적인 제재 조치에 그쳤습니다. 정작 가장 중요한 러시아의 돈줄인 천연가스와 석유 수출에 대해서는 아무런 제재 조치가 이뤄지지 않았습니다. 이 때문에 당시 미국 대통령이었던 오바마는 크림반도 병합에 대해 너무 느리고 미약한 제재를 취했다는 비판을 받았습니다. 정작 크림반도 병합으로 직접적인 안보 위협을 받게 된 유럽조차 러시아 제재에 적극적으로 나서지 않았습니다. 그도 그럴 것이 유럽이 값싸게 수입하던 러시아의 천연가스나 원유를 더 이상 수입하지 못하게 되면 러시아보다 유럽이 더 큰 타격을 받을 수 있었기 때문입니다.

그런데 트럼프는 2017년 대통령에 취임한 이후 유럽에 대해 노골적인 불만을 드러내기 시작했습니다. 트럼프는 유럽 국가들이 안보를 미국에 의존하면서 미국이 아닌 러시아에서 대량으로 천연가스와 석유를 사 주는 것에 대해 자주 비판했는데요. 이 같은 갈등은 2018년 독일과 러시아를 연결하는 두 번째 가스 파이프라인인 노르트스트림 2 해상 굴착이 시작되면서 더욱 불거졌습니다. 트럼프 대통령은 2018년 7월 나토 정상 회의에서 정작 러시아로부터 독일을 보호하는 것은 미국인데 독일이 러시아의 포로가 되었다며, 노르트스트림 2를 적극 추진하던 메르켈 전 독일 총리를 강력히 비판했습니다. 더 나아가 트럼프는 노르트스트림 2 프로젝트에 참여하는 기업에 대해 제재를 가하겠다고 위협하고, 실제로 2019년 12월에 독일 기업들을 제재하는 법안을 통과시켰습니다. 그럼에도 불구하고 메르켈은 공사를 강행해 결국 2021년 9월 노르트스트림 2를 완공했습니다. 독일 입장에서는 아무리 미국의 제재를 받아도 값싼 러시아 에너지의 유혹을 뿌리칠 수가 없었던 겁니다.

이처럼 유럽 국가들은 미국에 안보 비용을 떠넘기고 러시아와 경제 협력을 지속하면서 국익을 극대화하고 있었습니다. 2022년 러시아가 우크라이나를 무력 침공 하면서 상황이 완전히 달라졌습니다. 크림반도 병합 때만 하더라도 무력 침공이 아니었기 때문에 유럽 국가들이 심각한 안보 위협을 느낄 정도는 아니었습니다. 하지만 전면적인 무력 침공이 시작되자 유럽 국가들이 러시아를 직접적인 위협으로 인식하기 시작했습니다. 그 결과 유럽 국가들이 단결해 러시아에 대해 전례 없이 강력하고 포괄적인 제재를 가했습니다.

이로 인해 러시아도 경제적으로 적지 않은 타격을 받았지만 유럽이 받은 충격도 만만치 않았습니다. 러시아의 경우 유럽의 제재가 시작된 2022년에는 경제 성장률이 -2.1%를 기록해 마이너스 성장을 보였지만, 2023년에는 3.6% 성장했고 2024년에도 2.8%가 넘는 성장할 것으로 보고 있습니다. 물론 이 같은 러시아의 경제 성장은 전쟁과 군수 산업 특수에 따른 착시 효과일 수 있지만, 어쨌든 외형적인 경제 성장 덕분에 러시아의 실업률은 전쟁 전인 2022년 1월 4.3%에서 2024년 7월에는 2.4%까지 하락했습니다.

이에 비해 유럽이 받은 경제적 타격은 여전히 진행 중입니다. 특히 러시아산 천연가스와 석유 의존도가 높았던 독일은 에너지 가격 급등으로 지금도 큰 어려움을 겪고 있습니다. 독일은 우크라이나 전쟁이 일어나기 직전 노르트스트림 2를 완공했음에도 불구하고, 러시아의 우크라이나 침공이 시작되자 미국과 다른 유럽 국가들의 눈치를 보느라 노르트스트림 2를 차마 가동하지 못하고 있었는데, 2022년 9월 노르트스트림 1과 2에서 동시에 폭발이 일어나 더 이상 러시아로부터 천연가스를 수입할 수 없게 되었습니다. 이 폭파 사건은 독일 경제에 워낙 큰 타격을 준 사건이라 배후가 누구냐를 놓고 당시 많은 논란이 있었습니다. 독일이 오랜 추적 끝에 우크라이나 군이 배후라는 것을 밝혀냈지만 결국 우크라이나로 돌아간 폭파범을 체포하지는 못했습니다. 이와 관련해 퓰리처상을 받은 미국의 저명 언론인 시모어 허시는 미 해군이 폭발물을 설치를 도왔다고 주장해 큰 논란이 되기도 했습니다.

이처럼 러시아에서 값싼 에너지를 수입할 수 없게 되자 독일과 동유럽 경제는 큰 타격을 받았습니다. 특히 독일의 경우에는 에너지 가격 급등을 견디지 못해 화학, 금속 등 에너지 집약 산업이 해외로 공장을 이전하거나 심지어 문을 닫은 경우도 많았습니다. 2024년 9월에는 독일의 국민 기업인 폭스바겐이 창사 이래 처음으로 독일에 있는 일부 공장의 문을 닫겠다고 발표해 큰 충격을 주었습니다. 중국의 값싼 전기차 공세에 밀린 것도 한 원인이지만 더 큰 이유는 폭스바겐이 독일의 에너지값 상승을 감당할 수 없게 되었기 때문이라고 할 수 있습니다.

이 같은 에너지값 상승으로 독일 전체의 산업 경쟁력이 크게 약화된 탓에 2023년 독일의 경제 성장률은 -0.2%를 기록했고, 2024년도 독일의 성장률은 겨우 0.1%에 그칠 것으로 전망되고 있습니다. 경제 제재를 당한 러시아보다 경제 제재를 가한 독일의 경제가 더 큰 타격을 받은 셈입니다. 그동안 독일은 유럽의 성장 엔진 역할을 해왔는데, 러시아 제재가 시작된 이후 독일 경제가 몰락의 길을 걷기 시작하면서 유럽 경제 전체가 흔들리는 상황에 처했습니다.

더 큰 문제는 러시아에서 우크라이나를 지나 유럽으로 가는 가스관 계약이 2024년 말에 종료된다는 점입니다. 2022년 러시아가 우크라이나를 침공한 이후에도 러시아는 우크라이나 가스관을 통해 유럽으로 천연가스를 수출하고 있었습니다. 이런 이상한 일이 가능했던 이유는 우크라이나를 통과하는 가스관을 통해 러시아는 천연가스를 유럽에 팔 수 있었고, 우크라이나는 천연가스 통과 수수료 명목으로 상당한 돈을 러시아에서 받고 있었기 때문입니다. 더구나 우크라이나를 지원하는 유럽 국가들이 이 가스관을 통해 값싼 에너지를 수입할 수 있었기 때문에 전쟁 중에도 러시아와 우크라이나가 계약에 따라 서로 돈을 주고받는 황당한 일이 무려 3년 가까이 지속될 수 있었던 겁니다.

그러나 2024년 말이 되면 러시아와 우크라이나 사이에 체결된 가스 운송 계약이 끝나게 됩니다. 젤렌스키 우크라이나 대통령은 계약이 종료되면 더 이상의 계약 연장은 '절대' 없다고 여러 차례 강조해 왔습니다. 만일 우크라이나가 정말 가스 운송을 중단하게 되면 더 이상 가스를 팔 수 없게 되는 러시아도 타격을 받겠지만, 우크라이나 가스관을 통해 가스를 공급받아 왔던 오스트리아, 이탈리아, 헝가리 등 7개 유럽 국가 모두가 에너지 가격 급등으로 어려움을 겪을 수 있습니다.

러시아와 유럽을 잇는 가스관이 잇따라 폭파되거나 중단되면서 가장 큰 혜택을 볼 나라는 미국이 될 것 같습니다. 미국은 셰일 혁명 이후 천연가스가 남아돌았지만 수출할 곳을 찾지 못하고 있었습니다. 그런데 러시아 가스관이 차례로 끊기면서 유럽은 러시아산 천연가스 수입을 포기하고 미국산 천연가스로 눈을 돌리기 시작했습니다. 다만 2024년까지는 미국의 LNG 터미널이 충분하지 않아서 미국에 남아도는 천연가스를 모두 수출할 수 없었습니다. 그러나 미국이 2022년부터 짓기 시작한 대규모 LNG 플랜트와 터미널이 2024년 말에 완공되기 때문에 미국은 유럽에 대한 LNG 수출을 비약적으로 늘려 막대한 경제적 이득을 볼 수 있게 됐습니다.

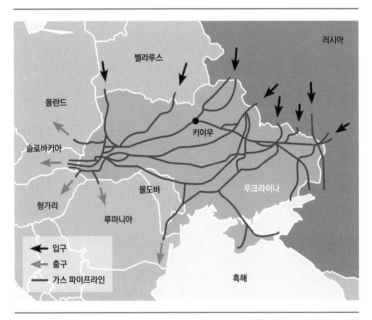

출처: 우크라이나 국제가스연합

이로써 유럽은 러시아에서 끊긴 에너지를 미국으로 상당 부분 대체할 수 있게 됐지만, 러시아 가스관을 통해 값싸게 공급받던 천연가스가 사라지면서 에너지 수입 가격이 크게 오르게 됐습니다. 이렇게 독일 등 유럽 제조 강국의 수출 경쟁력을 지켜 주던 값싼 에너지가 사라지면서 쇠락해 가던 유럽의 몰락이 더욱 가속화될 위험이 커졌습니다.

특히 이런 상황에서 트럼프 대통령의 취임은 유럽의 상황을 더욱 악화시킬 수 있습니다. 트럼프 대통령은 미국 에너지에 의존하게 된 유럽에 나토 분담금이나 방위비 지출을 확대하라고 더욱 거세게 요구할 가능성이 큽니다. 사실 트럼프 대통령 1기 때는 유럽이 미국의 요구를 거의 무시하다시피 했습니다만, 이제 에너지의 상당 부분을 미국에 의존하게 된 데다가 러시아의 안보 위협이 훨씬 커진 상황에서 트럼프 대통령의 요구를 무시하기는 쉽지 않을 것입니다. 그리고 이렇게 안보 비용까지 커지게 되면 그렇지 않아도 우크라이나 전쟁으로 큰 타격을 받은 유럽 국가들의 경제 상황은 더욱 악화될 가능성이 높습니다.

TRUMP 2.0 ERA

중동 전쟁의 불씨는
더 커질까?

●

트럼프는 첫 번째 임기 내내 이란에 대해 유독 적대적인 태도를 보였습니다. 트럼프는 이란 핵합의JCPOA에서 일방적으로 탈퇴하고 이란을 독자적으로 제재하기도 했습니다. 정점은 2020년 1월 3일 새벽 이라크 바그다드 국제공항 인근에서 이란 혁명 수비대 쿠드스군 사령관인 솔레이마니를 암살한 것입니다. 솔레이마니가 6시간 동안 3번이나 휴대전화를 바꿨는데도 모든 번호를 추적해 위치를 확인하고 드론으로 정확히 목표물인 솔레이마니를 타격한 겁니다. 솔레이마니는 이란 최고 지도자 하메네이 다음으로 힘 있는 2인자로 평가받던 인물이었기 때문에 이란에 큰 충격을 주었던 사건입니다.

그런데 이게 끝이 아니었습니다. 트럼프는 암살에 성공한

다음 날인 1월 4일 트위터를 통해 이란의 52개 목표물을 '매우 빠르고 강하게' 공격하겠다고 밝혔습니다. 그리고 이 52라는 숫자는 1979년 이란 혁명 당시 미국 대사관에 444일간 인질로 잡혔던 52명의 미국인을 상징한다고 말했습니다. 그런데 이란 내 52개 목표물을 폭격한다면 당연히 이란 핵 시설이나 주요 군사 시설을 목표로 했을 것이라고 생각하기 쉽겠지만, 트럼프는 52개 목표물이 이란 문화에 있어서 매우 중요한 장소라고 콕 찍어서 언급했습니다.

이란은 페르시아 문화의 발상지로 고대 페르시아의 수도인 페르세폴리스, 이스파한의 중심 광장인 나그셰 자한 광장 등 역사적으로 중요하고 아름다운 유적지가 전국 곳곳에 수도 없이 널려 있는데요. 유네스코 세계문화유산에 등재된 문화유산만 해도 무려 26개로 세계에서 문화유산이 가장 많이 등재된 10대 국가 중 하나입니다. 그런데 트럼프가 이런 중요한 문화유산을 주요 타깃으로 폭격하겠다고 하자 전 세계적으로 큰 논란이 일었습니다. 결국 국제 사회의 비난과 미국 국방부 내부의 반발에 밀려 사흘 뒤인 1월 7일에 이란 문화유산에 대한 폭격 위협을 철회하였습니다.

트럼프는 이번 2024년 대선 유세 기간에도 지난 바이든 정부의 이란 정책을 끊임없이 비판해 왔습니다. 바이든의 나약한 대 이란 정책이 이스라엘에 대한 보복 공격을 불러왔고, 카멀라 해리스 부통령이 이란에 현금을 제공한 탓에 이란이 전 세계로 테러를 수출하고 있다고 강력하게 비난했습니다. 여기서 트럼프가 지적한 '이란에 대한 현금 제공'은 바로 우리나라의 석유 대금 60억 달러입니다. 원래 우리가 이란에서 석유를 사고 이란에 지불했어야 하는 돈이지만 미국의 갑작스러운 제재로 동결되어 있던 자금입니다. 그런데 바이든 행정부가 이란에 억류된 미국인을 풀어 주는 대가로 동결됐던 우리나라의 석유 대금에 대한 제재를 해제한 겁니다. 트럼프와 해리스 사이의 정치 다툼에서 우리가 엉뚱하게 유탄을 맞은 셈입니다.

트럼프 2.0 시대의 중동 상황은 트럼프 첫 번째 임기 때와는 확연히 달라졌습니다. 이스라엘-하마스 전쟁에 이어 이스라엘-헤즈볼라 전쟁까지 확전되면서 중동 지역의 긴장이 훨씬 높아진 상태라, 만일 트럼프가 예전처럼 이란을 자극하면 중동 상황이 급변할 수 있습니다. 2024년 4월 이스라엘이 시리아에 있는 이란 영사관을 폭격한 이후 계속 이어진 이스라엘의 공격에도 불구하고 이란이 미 대선 전까지 가급적 전면전을 피하려고 했던 이유는 국제 사회로 복귀하고 싶어하는 이란의 강렬한 열망 때문이었다고 할 수 있습니다. 이란은 해리스가 대통령에 당선될 경우 이란 핵합의JCPOA를 복원하고 국제 사회의 제재를 풀어 이란 경제를 부흥시키려는 희망을 갖고 있었습니다. 그래서 미 대선 전까지는 트럼프 당선 가능성을 높일 수 있는 중동 불안을 피하기 위해 전략적 인내를 하고 있었다고 볼 수 있습니다.

실제로 이번 미국 대선에서 이란이 얼마나 해리스의 당선을 바랐는지를 보여 주는 사건이 있었습니다. 이란의 해커들이 트럼프의 선거 캠프를 해킹하고 여기서 훔친 정보를 민주당 대선 캠프 관계자들에게 이메일로 보낸 겁니다. 이 같은 사실은 2024년 9월 FBI와 미국 정보기관들의 수사 결과 발표로 드러났습니다. 이런 상황이 터지자 트럼프는 즉각 이란이 자신을 암살하려 한다며 2024년 대선 캠페인의 주요 외교 이슈로 활용했습니다. 결국 이란의 희망과는 달리 트럼프가 미국 대통령으로 당선되면서 이란의 해킹은 거꾸로 화를 부른 셈이 됐습니다. 이란의 섣부른 대선 개입으로 트럼프와의 관계를 개선할 실낱같은 희망마저 완전히 날린 셈이 됐습니다.

2022년 총선에서 네타냐후의 리쿠드당은 이스라엘 의회인 크네세트의 총 120석 가운데 32석 밖에 차지하지 못했습니다. 그래서 네타냐후는 극단적 우파 성향의 정당 5곳과 손을 잡고 연립 정부를 구성했습니다. 그런데 하마스의 기습 공격이 시작된 이후, 이 우파 정당이 가자 지구와 헤즈볼라에 대해 강경한 대응을 주문하고 심지어 하마스와 휴전하면 당장 연정을 붕괴시키겠다며 네타냐후를 압박해 왔습니다. 네타냐후 입장에서는 연정이 붕괴될 경우 새로운 연정을 구성해야 하는데, 사실상 연정 파트너가 없기 때문에 조기 총선을 할 수밖에 없는 상황이었습니다. 결국 휴전을 하는 순간 네타냐후의 정치 생명이 끝장날 수 있는 절체절명의 시간이 아슬아슬하게 이어지고 있었던 겁니다.

그런데 문제는 이스라엘의 군 시스템이나 경제 구조가 장기전을 하기에는 적합하지 않다는 데 있습니다. 지금까지 네 차례에 걸친 중동 전쟁 중에 장기전은 이스라엘 건국 전쟁이라고 할 수 있는 1차 중동 전쟁뿐입니다. 1차 중동 전쟁은 1948년 이스라엘 건국 선언과 함께 시작되어 13달 동안 지속됐습니다. 당시에는 이스라엘이 건국을 위해 모든 것을 걸었던 전쟁인 만큼 장기전을 불사했던 건데요. 그 뒤에 이어진 2차 중동 전쟁은 일주일에 불과했고, 3차 중동 전쟁은 6일 전쟁이라고 불릴 정도로 매우 짧았습니다. 이스라엘이 가장 고전했던 4차 중동 전쟁이 그나마 긴 편이었는데 그조차 전쟁 기간은 3주에 불과했습니다.

이스라엘은 전쟁을 신속하게 끝내야 하는 군사적, 경제적

한계를 갖고 있습니다. 이스라엘이 장기전을 치르기 어려운 첫 번째 이유는 인구 문제입니다. 이스라엘은 주변 아랍 국가들보다 인구가 적고 자원이 제한적이어서 장기전을 지속하기가 어렵습니다. 이스라엘의 상비군은 18만 명 수준에 불과해 40만 명에 이르는 예비군을 교대로 전쟁터로 내보내고 있습니다. 그런데 이들 예비군이 이스라엘 경제 활동의 주축이기 때문에 오랜 기간 전쟁터로 나가 있으면 경제적 타격이 만만치 않습니다. 이스라엘의 인구가 990만 명인데 군 복무를 거부하는 정통파 유대인 하레디와 군 복무를 시킬 수 없는 아랍계를 빼면 실제 군 복무를 할 수 있는 유대인 인구는 고작 690만 명에 불과합니다. 이 중에 상비군과 예비군을 합쳐 60만 명이 이번 전쟁에 동원된 셈인데, 인구가 5200만 명인 우리나라로 치면 거의 500만 명을 동원한 꼴입니다.

이스라엘이 하마스를 압도할 수 있었던 이유는 가자 지구 인구가 고작 200만 명밖에 안 되는 데다가 이스라엘의 오랜 봉쇄로 주민 대부분이 간신히 생계를 유지할 정도로 극빈층으로 전락했기 때문에 하마스를 지원할 만한 경제력이 전혀 없습니다. 유엔무역개발기구UNCTAD의 추정에 따르면 가자 지구의 200만 명 주민들의 전체 GDP는 2024년 1분기에 9,200만 달러에 불과한 것으로 나타났습니다. 이대로라면 2024년 한 해 동안 GDP가 4억 달러(5,400억 원)에도 미치지 못할 것으로 보입니다. 이에 비해 이스라엘 GDP는 5,574억 달러로 우리 한국 GDP의 3분의 1 수준이지만 가자 지구 GDP보다는 무려 1,400배나 많습니다. 또한 하마스 전투원은 고작 4만 명에 불과한 데다가, 무장 수준은 이스라엘과 비교할 때 지역 민병대 수준밖에 안 되기 때문에 이스라엘의 60만 병력은 4만 병력의 하마스를 상대하기에는 엄청난 대군이라고 할 수 있습니다. 게다가 미국이 포탄과 탄알, 미사일까지 무제한 제공해 주고 있기 때문에 화력 차이는 더욱 압도적입니다. 이런 전력 차이에도 불구하고 이스라엘-하마스 전쟁을 1년이 넘게 지속한 것은 그만큼 시가전이 어렵다는 것을 보여 주는 셈입니다.

이스라엘이 두 번째 공격 목표로 삼은 헤즈볼라도 경제력과 인구 규모를 보면 가자 지구와 비슷합니다. 레바논의 인구는 600만 명 정도로 추정되지만 이 중에 헤즈볼라의 기반이 되는 시아파는 180만 명 정도로 추정되고 있습니다. 레바논의 1인당 GDP는 3,280달러로 가자 지구보다는 조금 높지만 이스라엘의 5.6%에 불과합니다. 헤즈볼라의 병력 규모도 4만 명 정도로 하마스와 비슷합니다. 다만 미사일과 로켓 보유량이 하마스의 10배가 넘고 하마스에는 없는 장갑 차량을 소량 보유하고 있습니다. 이스라엘이 엄청나게 대단해 보이는 이유는 사실 하마스와 헤즈볼라의 병력 규모와 무장 수준, 그리고 이를 뒷받침할 경제력이 너무 형편없기 때문이라고도 볼 수 있습니다.

그런데 놀라운 점은 고작 병력 규모 4만 명에 탱크는커녕 장갑차 한 대 없는 하마스와 1년이나 교전을 하면서 이스라엘 경제가 큰 타격을 받았다는 점입니다. 오랜 전쟁으로 불확실성이 커진 바람에 이스라엘 기업들의 투자가 3분의 1 수준으로 급감했고, 하마스와 헤즈볼라의 잦은 공격으로 주요 수출항이 사실상 기능을 상실하면서 수출과 수입이 크게 줄어들었습니다. 이스라엘 중앙은행은 2024년 성장률 전망치를 2.8%에서 1.5%로 하향 조정했지만 이조차 미국의 막대한 원조와 군수 산업 특수 덕분에 나타난 착시 현상에 불과합니다. 일부 경제학자들은 이대로 가다가는 2024년에 이스라엘 역사상 가장 낮은 성장률을 기록할 것이라고 경고하고 있습니다.

이런 상황에서 국제 사회와 바이든 행정부가 지속적으로 휴전 압박을 하는 것도 네타냐후에게는 큰 부담이 되어 왔습니다. 사실 바이든 행정부는 민주당 정권답지 않게 이스라엘을 전폭적으로 지원해서 의외라는 시각이 많습니다. 2024년 한 해 동안 200억 달러가 넘는 전쟁 자금을 지원한 것은 물론 각종 무기와 포탄, 탄약도 아낌없이 지원해 왔습니다. 제아무리 이스라엘이라도 미국의 전폭적인 지원 없이는 오랜 전쟁을 치르기가 어렵습니다. 그런데 이스라엘-하마스 전쟁으로 무려 4만 명이 넘는 팔레스타인 사망자가 발생했고 이 가운데 53%가 여성과 어린이였다는 사실이 알려지자 민주당의 전통적인 지지층이 이스라엘을 전폭적으로 지원해 온 바이든 행정부에 큰 반감을 갖게 됐습니다.

이로 인해 바이든 행정부, 특히 해리스 부통령이 네타냐후에 휴전을 강력하게 압박하기 시작했습니다. 진퇴양난에 빠진 네타냐후에게 해리스의 압박은 눈엣가시나 다름이 없었습니다. 네타냐후에게 더 큰 걱정은 대선이 끝난 다음이었습니다. 대선 직전에는 선거 자금 등 여러 가지 이유로 해리스가 네타냐후에 끌려다닐 수밖에 없었지만 만일 해리스가 대선에서 승리하면 민주당 지지층의 요구대로 이스라엘에 대한 전폭적 지원은 중단되거나 감소할 수밖에 없기 때문입니다. 그러면 이스라엘은 막대한 군사비 지출은 물론 매일 전선에 쏟아붓는 포탄과 미사일을 감당할 수 없을 테니까요.

이런 절체절명의 상황에서 트럼프 당선은 네타냐후가 정치적 생명을 연장에 결정적 영향을 준 것은 물론 향후 중동 질서에도 큰 변수가 될 수 있습니다. 현재 이스라엘의 인구 구조는 매우 심각한 상황입니다. 지금은 990만 명 인구 중에 하레디 인구가 120만 명, 아랍계 인구가 180만 명 명으로 전체 인구의 30% 정도 되지만, 25년 뒤인 2050년에는 비중이 47%로 급증할 것으로 보입니다. 이스라엘 경제의 버팀목이자 병역 의무를 충실하게 수행하고 있는 세속주의 유대인의 합계 출산율은 1.9 정도에 불과한 반면 아랍계의 경우 3.0 안팎이고 초정통파 유대인인 하레디는 6.5나 됩니다.

문제는 아랍계나 하레디의 경우 세속주의 유대인만큼 활발하게 경제 활동을 하지 않는다는 겁니다. 아랍계는 여러가지 불리한 조건이 많아서 이스라엘 땅에서 유대인과 같은 수준의 경제 활동을 하기가 쉽지 않고, 하레디는 기존의 교육 시스템을 거부하고 자신들만의 종교 교육을 고집하거나 심지어 모든 경제 활동을 거부하고 신앙 생활만 하겠다는 사람들까지 있기 때문에 소득이 거의 없는 사람들이 많습니다. 이들은 이스라엘 정부가 제공하는 보조금으로 연명하는 경우가 적지 않은데, 이 때문에 하레디와 아랍계의 합계 출산율이 지금처럼 높게 유지되어 인구 비중이 급격하게 늘어나게 되면 앞으로 이스라엘의 경제 성장률은 크게 둔화될 수밖에 없습니다.

게다가 하레디의 인구가 급증하면 향후 이스라엘 국방력

이 크게 약화될 우려까지 있습니다. 하레디는 종교적 이유로 병역을 기피하고 있기 때문에 나머지 유대인들이 군 복무를 도맡아 하고 있습니다. 지금이야 하레디 인구 비중이 상대적으로 작기 때문에 그나마 세속주의 유대인들이 참고 있지만 앞으로 하레디 인구 비중이 더욱 늘어나게 되면 세속주의 유대인들이 집단적으로 반발할 가능성이 적지 않습니다. 결국 인구 문제 때문에 시간이 갈수록 이스라엘의 경제력과 국방력이 약화될 수밖에 없는 구조입니다. 이런 절박함 때문에 이스라엘 강경 우파는 이스라엘의 힘이 더 약화되기 전에 이스라엘의 미래 안보를 위협할 수 있는 하마스와 헤즈볼라를 미리 제거해 두고 이란의 핵은 물론 공격 능력까지 무력화하고 싶어 하는 겁니다.

지금과 같은 미국의 재정 지원과 무기 및 포탄 지원만 계속된다면 시간은 오래 걸리겠지만 이스라엘의 힘만으로도 하마스는 물론 헤즈볼라도 충분히 무력화할 수 있습니다. 이스라엘의 병력과 하마스, 헤즈볼라의 병력 규모가 워낙 큰 차이가 나는 데다가 무기의 성능도 차원이 다르기 때문입니다. 그러나 이란은 사정이 다릅니다. 이란은 인구가 9천만 명으로 이스라엘보다 9배나 많습니다. 이란의 정규군과 혁명 수비대, 그리고 예비군까지 합치면 400만 명으로 그동안 이스라엘이 상대해 왔던 하마스나 헤즈볼라보다 병력이 100배나 많습니다. 탱크 한 대 없는 헤즈볼라와 달리 다양한 무기 체계를 갖추고 있는 완벽한 정규군이라고 할 수 있습니다. 게다가 이스라엘과 이란의 주요 도시 최단 거리가 1,200km나 떨어져 있기 때문에 국경을 맞대고 있는 하마스나 헤즈볼라와 달리 공격 자체가 매우 어렵습니다.

결국 이란의 핵 시설이나 공격 능력을 제거하려면 무기나 포탄 지원을 넘는 미국의 직접적인 개입이 필요합니다. 통상적인 미국 대통령이라면 이스라엘이 바라는 대로 이란을 직접 타격하는 중동 전쟁에 개입할 가능성은 극히 낮습니다. 이란의 국토가 워낙 넓고 인구도 많기 때문에 제아무리 미국이라도 이란을 잘못 건드렸다가 아프가니스탄 전쟁 못지않게 자칫 오랜 전쟁의 수렁에 빠질 수 있기 때문입니다. 게다가 이란을 완전한 미국의 적으로 돌릴 경우 이란 정부를 전복하는 게 아니라면 세계 3위 원유 매장량을 자랑하는 이란과 중국이 더욱 가까워지게 되고 그 결과 향후 펼쳐질 미중 패권 전쟁에도 악영향을 미칠 수 있기 때문입니다.

그러나 2020년 이란 문화 유적지 파괴 선언처럼 트럼프가 워낙 즉흥적으로 결정하는 경우가 많은 데다가 이란에 대해 강한 반감을 갖고 있다는 점에서 트럼프가 과연 이란에 대해 어떤 결정을 내릴지 여전히 미지수입니다. 게다가 트럼프의 주요 지지 기반이 이스라엘에 대한 전폭적 지원을 요구하는 미국 내 복음주의 개신교이기 때문에 더욱 불확실성이 커졌다고 할 수 있습니다. 또한 트럼프에 선거 자금을 대 준 주요 후원자들이 석유 업체들이라는 점도 주목할 필요가 있습니다. 미국의 석유 업체들은 2024년말 현재 경기 침체 우려에 따른 유가 하락으로 큰 어려움을 겪고 있습니다. 중동 정세 불안으로 유가가 오르게 되면 이들에게는 오히려 호재이기 때문입니다. 게다가 중동에서 전쟁이 일어나거나 갈등이 심화될 경우 사우디 등 친미 중동 국가들이 미국 무기를 더 많이 사들일 가능성이 크기 때문에 국익을 우선시하는 트럼프가 이란에 대해 어떤 결정을 내릴지 관심을 갖고 지켜봐야 할 것입니다.

다만 단기적으로는 중동 정세 불안이나 심지어 5차 중동 전쟁이 일어난다고 해도 미국에 해가 되지 않겠지만 전쟁이 장기화되면 상황이 완전히 달라질 겁니다. 트럼프가 이스라엘을 적극 지원하면 결국 무슬림들의 반감이 거세질 수밖에 없고, 이런 상황에서는 친미 성향을 가진 왕정 국가들이라고 해도 국민들의 반감을 완전히 무시하기는 어려워질 수 있습니다. 게다가 장기적으로 중동 지역에서 미국에 대한 불신이 커지면서 그 틈을 중국과 러시아가 파고들 가능성이 커질 겁니다. 결국 향후 펼쳐질 트럼프 4년의 임기 동안 중동 정책을 어떻게 세우냐에 따라 에너지 가격뿐만 아니라 미중 패권 질서에도 큰 영향을 미칠 가능성이 높습니다.

트럼프 2.0 시대

글로벌 대격변이 시작된다

트럼프
2.0
시대

3장

경제: 인류 역사상 가장 풍요로웠던 시대가 흔들린다

TRUMP 2.0 ERA

부유했던 유럽은
왜 가난해졌나?

●

우리에게 유럽은 오랫동안 부의 상징이었습니다. 수많은 문화 유산을 보유하고 우아한 삶을 영위하는 근사한 삶의 표본이 었죠. 그랬던 유럽이 가난해지고 있다는 말이 심심찮게 들려 옵니다. 문제는 가난해지는 속도가 가속화되고 있다는 점입 니다. 상황이 심상치 않자 프랑스의 마크롱 대통령이 유럽을 향해 비상 선언까지 할 정도가 되었습니다. 마크롱은 지금이 라도 유럽을 완전히 개조하지 않으면 유럽의 몰락을 막을 수 없다고 강하게 경고했습니다. 지금은 유럽이 몰락을 시작했지 만 수년 내로 우리나라의 상황이 유럽보다 더 악화될 수 있기 때문에, 유럽이 가난해진 진짜 이유를 정확하게 파악하는 것 이 무엇보다 중요합니다.

유럽을 대표하는 주가 지수인 스톡스 600 지수를 미국의 주가 지수와 비교해 보면 정말 큰 차이가 납니다. 스톡스 600 지수는 1999년 500.35를 기록했는데, 2024년 10월에는 528에 불과해 25년 동안 겨우 5.5% 오르는 데 그쳤습니다. 이에 비해 같은 기간 동안 미국의 S&P 500 지수는 네 배나 올랐습니다. 흔히 우리나라 코스피가 박스권에 갇혀 있다고 하는데, 사실은 우리나라뿐만 아니라 미국을 제외한 대부분의 선진국들이 박스권에 갇혀 있습니다. 그동안 주가가 지속적으로 오른 선진국은 미국을 제외하면 거의 없다고 해도 과언이 아닙니다. 사실 증시는 실물 경제의 선행 지표 역할을 하는데, 주가 상승률이 이렇게 차이가 났다는 것은 결국 실물 경제도 그만큼 크게 벌어졌다는 것을 뜻합니다.

실제로 과거 유럽의 강국들이 급속도로 가난해지고 있습니다. 월스트리트 저널은 프랑스인들이 푸아그라와 와인을 덜 먹게 되었고, 스페인은 올리브 오일의 소비를 줄였다고 보도했습니다. 특히 독일에서는 고기와 우유 소비량이 30년 만에 최저 수준으로 떨어졌다고 하는데, 유럽이 급속히 가난해지면서 2035년이 되면 미국과 유럽의 격차는 지금의 일본과 에콰도르만큼 벌어질 것이라는 유럽정치경제연구소ECIPE의 전망까지 인용해 보도했습니다. 풍요로웠던 유럽이 이제 서서히 몰락의 길로 들어서고 있는 겁니다.

2008년만 해도 미국과 프랑스의 1인당 GDP는 각각 4만 8000달러와 4만 5000달러로 큰 차이가 없었습니다. 그런데 15년이 지난 2023년 수치를 보면 미국은 7만 6000달러로 크게 상승한 반면, 프랑스는 오히려 4만 달러로 하락했습니다. 미국이 1.6배 가까이 성장하는 동안 프랑스는 10%가 줄어든 겁니다. 그렇다면 유럽에서 프랑스만 예외적으로 1인당 GDP가 줄어든 걸까요? 유럽 최고의 경제 강국이라는 독일도 다를 바가 없습니다. 독일의 1인당 GDP는 2008년 4만 6000달러에서 2022년 4만 8000달러로 제자리걸음 수준이었습니다.

이처럼 유럽이 성장을 멈추게 된 이유는 무엇일까요? 월 스트리트 저널은 인구 고령화가 주된 이유라고 진단했습니다. 여기에 엎친 데 덮친 격으로 팬데믹에다 우크라이나 전쟁까지 일어나면서 유럽의 가난이 본격화된 겁니다. 20세기에 저명했던 미래학자 피터 드러커는 이미 1990년대 말에 유럽이 향후 30년 안에 가난한 나라로 전락할 것이라고 예측했습니다. 그리고 이탈리아 같은 남유럽 국가들은 지도상에서 사라질지도 모른다는 심각한 경고를 한 바 있습니다. 피터 드러커가 1990년대 말에 유럽의 몰락을 예언할 수 있었던 이유는 바로 유럽의 인구 구조 때문입니다.

　미국과 유럽의 합계 출산율을 비교해 보면 1980년대까지만 해도 유럽이 더 높았습니다. 그런데 1990년대 후반이 되자 미국은 합계 출산율 2.1을 유지한 반면, 유럽은 아주 빠른 속도로 하락해 1.46까지 떨어졌습니다. 피터 드러커는 1990년대 출산율 하락이 당장 유럽 경제를 몰락의 길로 이끌지는 않겠지만, 이들이 자라 성인이 되는 20년쯤 뒤에는 유럽에서 청년들이 크게 줄어들어 유럽 경제가 더 이상 성장하지 못하고 서서히 몰락의 길로 접어들 거라고 미리 예견했던 겁니다. 그렇다면 한국은 어떨까요? 가까운 미래에는 한국이 유럽보다 훨씬 더 심각해질 것으로 보입니다. 유럽의 합계 출산율은 1990년대 말에 크게 떨어지긴 했지만 지금도 1.46명을 유지하고 있는데 비해 한국은 0.72까지 추락했습니다. 지금은 우리보다 먼저 출산율이 떨어지기 시작한 유럽이 급속히 가난해지고 있지만, 만일 우리가 빠르게 줄어들고 있는 인구 문제를 지금 당장 해결하지 못한다면 앞으로 수년 내로 우리가 유럽보다 몇 배는 더 큰 고통을 겪게 될 겁니다. 이대로 2030년대가 되면 2020년대에 이미 몰락을 시작한 유럽을 부러워하게 될지도 모릅니다.

　다시 유럽의 경제 상황을 살펴보겠습니다. 사실 유럽에서는 이제 더 이상 새로운 혁신 기술이 등장하지 않고 있다 해도 과언이 아닙니다. 이 때문에 유럽이 미국의 디지털 식민지로 전락했다는 평가를 받고 있습니다. 유럽에서 혁신이 일어나지 않고 있는 가장 근본적인 원인은 인구 구조가 악화되면서 혁신의 주체인 청년이 사라졌기 때문입니다. 청년이 있어야 새로운 아이디어를 내고 창업을 합니다. 그리고 청년들이 많아야 새로운 상품이 나왔을 때 이를 먼저 써 보고 평가를 하는 테스트 마켓Test Market이 존재할 수 있습니다. 하지만 고령화가 심해지면서 평균 연령이 높아지다 보니 신제품을 만들고 테스트할 주체가 사라진 겁니다.

또 다른 문제는 유럽의 투자와 연구 개발 예산이 미국에 훨씬 못 미친다는 점입니다. 미국은 연방 정부가 강력하다 보니 국가 차원의 R&D 예산이 풍부합니다. 게다가 기업들도 천문학적인 R&D 투자를 하고 있습니다. 2023년 미국의 R&D 투자는 1조 달러(1,340조 원)에 근접한 반면, 유럽 연합은 3520억 유로(530조 원)에 불과해 미국의 절반도 되지 않습니다. 또한 미국은 통합된 R&D투자 관리를 할 수 있지만, 유럽은 개별 국가가 각자 따로 연구를 하다 보니 효율성 면에서 크게 떨어집니다. 더구나 미국은 세상에 없던 첨단 혁신 개발에 몰두하는 반면, 유럽은 그나마 부족한 R&D 예산을 첨단 혁신 기술이 아닌 공정 개선이나 회원국 간 격차 해소에 쓰고 있는 실정입니다.

R&D 측면에서 봤을 때는 한국의 상황이 유럽보다 훨씬 심각합니다. 한국의 R&D 투자는 1,100억 달러(145조 원)로 국가 규모를 고려할 때 다른 나라보다 결코 적은 편이 아닙니다. 그러나 이건 어디까지나 민간 투자가 워낙 큰 덕분이고, 2024년 국가 R&D 예산은 2023년보다 14.7% 줄어든 26조 5천억 원에 불과합니다. 이 때문에 기초 과학을 연구하는 주요 연구자들이 고용 불안에 시달리다 결국 일자리를 찾아 해외로 떠난 사례가 적지 않았습니다. 특히 AI 반도체 응용기술 개발 예산이 75%나 삭감되어 한국 AI 혁신 생태계도 적지 않은 타격을 받았습니다. 한국 정부가 얼마나 R&D를 경시하는지 보여 주는 대표적인 사례입니다.

유럽의 또 다른 문제는 미국의 디지털 침공에 속절없이 무너졌다는 점입니다. 미국이 플랫폼 혁명이 일어날 수 있도록 규제를 완화하고 경쟁을 촉발시켜 온 데 반해, 유럽은 처음부터 디지털 산업에 대한 규제로 일관했습니다. 당장은 자국 산업을 보호하는 것처럼 보일지 모르겠지만 결국 역효과를 낳았습니다. 그나마 유럽에 남아 있던 혁신적인 청년들이 독자적인 플랫폼을 만들려고 해도 유럽 연합에서 규제로 대응을 하니, 아무리 창업을 해도 글로벌 기업이 될 수가 없게 된 겁니다. 그 결과 혁신적인 청년들은 유럽을 버리고 미국으로 옮겨 가기 시작했습니다. 이렇게 방어적인 정책으로 일관하다가 미국의 디지털 식민지로 전락한 겁니다. 2024년 6월 기준으로 구글의 미국 시장 점유율은 87.5%인데, 유럽 시장 점유율은 91.4%나 됩니다. 미국은 끊임없이 새로운 기업이 등장해 구글의 시장 점유율을 파고 들어가려는 시도를 하고 있는데, 유럽은 새로운 기업의 도전 자체가 실종되어 구글이 본국인 미국보다 유럽에서 더 단단한 시장 지배력을 갖게 된 겁니다.

미국과 유럽을 가른 또 하나의 결정적인 차이는 달러 패권입니다. 달러화가 워낙 막강하다 보니 유럽이 유로화를 기축통화로 키우려고 아무리 노력을 해도 잘 안 됩니다. 통화 패권을 가진 미국이 반복되는 위기 때마다 달러를 찍어 돈을 뿌려 대니까 유럽보다 더 빨리 위기를 극복할 수 있었고, 결과적으로 미국과 유럽의 운명을 가르는 가장 중요한 원인이 되었습니다. 가장 극적인 순간은 2008년 글로벌 금융 위기였는데요. 분명히 금융 위기는 미국에서 일어났는데 미국은 달러를 마구 찍어서 위기를 곧바로 극복했고 그 유탄을 맞은 유럽이 2009년 그리스 위기를 시작으로 아일랜드, 포르투갈, 이탈리아로 금융 불안이 확산되면서 2012년에는 유로존 전체가 경기 침체를 겪었습니다. 유로화는 패권 통화가 아니었기 때문에 미국만큼 마음껏 돈을 찍어 내지 못한 겁니다.

그래서 마크롱 대통령이 유럽 부활 프로젝트를 제시했는데, 첫 번째가 R&D 지출을 두 배로 확대하는 방안입니다. 두 번째로는 산업 규제를 대폭 완화하기로 했습니다. 특히 스타트업에 대한 규제를 완화한다는 게 가장 핵심입니다. 다음은 유럽의 자본 시장을 미국만큼 발전시키고, 마지막으로 이를 통해 유럽인들의 리스크 회피 성향을 타파하고 도전하는 유럽으로 만들겠다는 겁니다. 언뜻 들어 보면 유럽이 불황을 이겨 내기 위해 당연히 해야 할 일 같지만, 유럽에서는 정치 구조의 특성상 다른 회원국의 동의를 얻기가 쉽지 않습니다. 유럽 연합은 미국의 연방 제도처럼 강력한 정부를 갖고 있지 않기 때문에 한 나라가 혁신을 외치면 옆 나라들이 자꾸 발목을 잡는 경우가 많습니다. 이런 혁신안에 반기를 든 대표적인 나라가 바로 독일입니다. 독일은 여전히 전통 제조업에 대한 의존도가 높기 때문에 자국 산업 보호를 위해 이 같은 규제 완화에 강력히 반대하고 있습니다. 유럽 연합이 눈앞의 위기를 두고도 서로 협력하기는커녕 애먼 발목 잡기를 하면서 점점 더 축소 지향적으로 나아가는 현실이 참 안타깝습니다.

그런데 이런 유럽 연합의 모습에서 우리나라를 돌아보게

됩니다. 우리나라도 대한민국을 살리는 올바른 길을 찾으려 노력하기보다 오로지 정치 성향에 따라 편을 가르고, 내 편이 내놓은 정책이 아니면 무조건 발목을 잡으려고 하는 경향이 점점 더 심해지고 있습니다. 옳은 정책이 있다면 같이 힘을 모으고, 경제가 어려우면 국가적으로 함께 머리를 맞대고 연구해야 합니다. 정치 성향에 따른 진영의 논리만 우선시하면 진정 우리나라를 위한 올바른 판단을 하기가 어렵게 됩니다. 유럽 연합은 국가에 따라 이해관계가 다를 수 있지만, 우리는 대한민국이라는 한배를 타고 있다는 점을 잊어서는 안 되겠습니다.

TRUMP 2.0 ERA

영국의 가난이 불러일으킨 대규모 폭동

●

2024년 7월 영국의 도시 곳곳에서 대규모 폭동이 일어났습니다. 영국이 신사의 나라에서 야만의 나라로 전락했다는 말까지 나올 정도로 당시 폭동 상황이 워낙 심각하다 보니 여러 나라에서 영국 여행 자제령을 내리기도 했습니다. 이를 두고 우리나라 언론에서는 단순히 반난민 극우 폭동이라고 보도하는 경우가 많았는데 이게 전부가 아닙니다. 영국이 급속하게 가난해지면서 청년들이 실업자로 내몰리자 분노의 대상을 외국인 이민자와 난민 들에게 풀었던 겁니다. 영국 정부의 강경 진압으로 폭동이 잦아들기는 했지만 영국 청년들의 빈곤 문제가 해결되지 않는다면 앞으로 더욱 심각한 갈등을 키울 수 있습니다.

영국의 폭동 상황이 한때는 정말 심각했습니다. 경찰차를 불태우거나 지나가는 차를 전복시키고 불을 지르는 등 무자비한 폭동이 영국 전역에서 일어났습니다. 그러다 보니 진압하는 경찰들도 큰 어려움을 겪었습니다. 경찰을 향해서 불꽃이 달린 로켓을 계속 쏘는가 하면 온갖 폭력적인 방법으로 경찰에 대항했습니다. 심지어는 지나가던 일반 시민들까지 위협했는데, 길거리 한복판에서 지나가는 차들을 막고 운전자를 확인해서 백인이 아니면 어떻게든 멈춰 세운 다음 부수거나 불을 지르는 식입니다. 영국 정부가 시위대를 강제로 해산시키고 폭동을 선동한 1,000여 명을 체포하는 등 강경 진압에 나서면서 일단 대규모 폭동은 잦아들었지만, 인종 차별 범죄가 급증하고 여성들이 밤에 외출하는 것을 극도로 꺼리는 등 지역 사회의 두려움이 계속되고 있습니다.

그렇다면 도대체 왜 이런 폭동이 일어나게 된 걸까요? 폭동의 발단은 어린이 댄스 교실에서 일어난 살인 사건이었습니다. 2024년 7월 29일 영국의 북서부에서 17살 청년이 흉기를 들고 난동을 부려서 어린이 세 명이 숨지고 열 명이 다쳤습니다. 너무나 안타까운 일이었지만 범인이 미성년자였기 때문에 영국에서는 원칙에 따라 신원 공개를 하지 않았다고 합니다. 그래서 법정 그림만 공개했는데 무슬림이라는 추측이 SNS으로 퍼지면서 결국 폭동 사태까지 일어난 겁니다. 근거 없는 추측만으로 영국 전역에서 대규모 폭동이 일어나자 영국 법원이 원칙을 깨고 신원 공개를 허용했습니다. 이 청년은 르완다 부모에게서 태어난 영국 웨일스 출신으로 밝혀졌습니다. 종교가 정확하게 공개되지는 않았지만 르완다는 개신교가 50%, 카톨릭이 44%이고 이슬람이 2%가량이므로 역시나 무슬림이라는 근거는 없습니다. 그러나 어차피 이민자의 자녀가 아니냐는 여론이 일어나면서 오히려 폭동이 거세졌습니다.

이번 폭동은 뉴미디어 시대의 어두운 단면을 보여 줬습니다. 불특정 다수의 사람들이 SNS를 통해 공격 대상을 특정하고 실제로 이민자 센터나 수용 시설 30여 곳을 공격했습니다. 이런 방식의 폭동이 영국 20여 개 도시로 확산되면서 그야말로 전국에 24시간 폭력 시위가 이어졌다 해도 과언이 아니었습니다. 이처럼 근거 없는 정보가 확산되고 시위대가 다음 공격 대상을 알린 수단이 SNS였다는 사실이 드러나자, 영국 총리가 거짓 정보 확산의 진원지가 되고 있다며 SNS를 비판했습니다. 그런데 여기에 발끈한 사람이 있었습니다. 바로 테슬라와 엑스(트위터)의 수장 일론 머스크입니다. 일론 머스크는 자신의 엑스 계정에 시위 장면을 끌어온 다음 "내전은 불가피하다"라는 글을 올렸습니다. 그렇지 않아도 영국 도시 곳곳에서 폭동이 확산되던 시기에 제대로 불을 지핀 꼴이 되었습니다. 그러자 영국 법무장관이 내전은 결코 용납될 수 없다며 글로벌 플랫폼의 소유자라면 책임감 있게 행동해야 한다고 꼬집었습니다.

이처럼 겉으로 드러난 상황만 보면 가짜 뉴스에 속아서 반난민 반이민 폭동이 일어났다고 볼 수 있지만, 사실 이 같은 폭력 시위의 근본적인 원인은 따로 있습니다. 영국이 최근 너무나도 가난해졌다는 점입니다. 그리고 그 가난의 원인이 유럽 연합 가입 때문이라고 오판하는 바람에 오히려 영국 경제의 몰락을 더욱 가속화하는 브렉시트라는 어리석은 결정을 내린 것도 중요한 원인 중에 하나입니다.

영국에서 이번 폭동 사태가 일어난 원인을 순차적으로 살펴보겠습니다. 브렉시트 이전의 영국은 난민들의 최종 종착역이었습니다. 많은 난민들이 자신들이 살던 중동 지역이나 아프리카를 떠나 처음 유럽으로 건너올 때 가장 가고 싶어 하는 나라가 영국이었습니다. 당시만 해도 다른 유럽 국가들에 비해 일자리가 많은 편이었고, 영어를 쓰기 때문에 아무래도 접근성이 좋았습니다. 영어를 익히고 나면 자녀들이 다른 나라로도 진출할 수 있을 것이라는 희망도 존재했습니다. 그래서 남유럽으로 들어온 난민들이 영국을 향해 북쪽으로 끝없이 나아간 것입니다. 영국인들이 분노한 이유는 유럽 대륙의 국가들이 영국으로 향하는 난민들을 막아 주기는커녕 오히려 영국으로 가는 길을 열어 주고 있다고 생각했기 때문입니다. 유럽 대륙 국가들에 대한 영국의 뿌리 깊은 불신은 브렉시트가 일어나는 데 큰 역할을 했습니다.

그런데 정작 브렉시트를 했더니 영국의 경제난이 더더욱 심각해진 겁니다. 브렉시트로 인해 유럽 연합과 무역 장벽이 생기는 바람에 통관 절차가 복잡해지고 시간이 오래 걸리다 보니 유럽 연합 국가들이 영국을 공급망에서 아예 배제해 버리는 경우가 늘어났습니다. 또한 브렉시트의 불확실성으로 글로벌 기업들이 유럽 지역 본부를 영국에서 유럽 내 다른 지역으로 옮기는 일이 늘어났습니다. 심지어 요즘에는 영국 기업들조차 아예 본사를 유럽 연합 국가로 옮기는 일까지 일어나고 있습니다. 게다가 브렉시트 전만 해도 여러 EU 국가들에서 많은 인력이 들어왔는데, 이제 브렉시트로 인력 공급이 안 되다 보니 노동력 부족이 심각한 상황에 처했습니다.

영국 정부의 공식 발표에 따르면 브렉시트로 인해 영국의 경제 성장률이 15년 동안 2~8% 하락할 것이라고 밝혔습니다. 장기적으로는 이보다 손실이 더 커질 것이라는 주장도 있습니다. 영국 예산책임처OBR는 브렉시트로 인해 장기적으로 영국의 GDP가 해마다 4% 감소할 것으로 추정했습니다. 영국의 1인당 GNI(국민총소득)는 2007년에 5만 달러가 넘어 당시 미국의 4만 7000달러보다 많았는데, 2022년에는 4만 6000달러밖에 되지 않아 미국의 3분의 2 수준으로 떨어졌습니다.

지난 17년 동안 영국은 평균적으로 가난해졌을 뿐만 아니라 빈부 격차도 훨씬 더 커졌습니다. 즉 저소득층일수록 삶이 더욱 어려워졌다는 뜻이 되죠. BBC에서 영국의 절대 빈곤이 30년 만에 가장 큰 폭으로 상승했다는 보도도 있었습니다. 영국의 대표적인 일간지인 가디언지는 2023년에 절대 빈곤 상태의 영국인이 무려 1,200만 명이라고 보도했습니다. 영국에서 절대 빈곤이란 중위 소득의 60% 이하를 뜻하는데, 식량, 주거, 안전한 식수 등 기본적인 생활필수품조차 감당할 수 없을 정도로 힘든 처지에 있는 사람들을 말합니다. 특히 어린이들의 상황이 매우 심각한데, 가디언지는 영국 어린이의 3분의 1 수준인 430만 명이 빈곤 상태에 빠졌다고 우려했습니다. 이렇게 지금 영국의 경제 상황은 걷잡을 수 없는 수준으로 악화되어 있습니다.

영국이 전체적으로 가난해지고 빈부 격차가 계속해서 커지면서 이번 폭동을 불렀다는 주장의 증거는 또 있습니다. 영국의 주간지 스펙테이터의 기사 내용을 보면 폭동이 일어난

20여 개 도시에서 지난 13년 동안 일자리 상황이 개선된 곳은 한 곳도 없었습니다. 예를 들어 로더럼의 경우 실업률이 16%에서 18%로 증가했고, 하틀풀은 21%에서 23%로 증가했습니다. 하틀풀은 무려 인구 중 4분의 1이 실업자라는 겁니다. 게다가 청년 실업률만 따져 보면 거의 두 명 중 한 명이 실업자인 상황입니다. 영국의 폭동이 24시간 계속됐던 이유가 바로 여기에 있습니다. 지금은 잠시 소강상태로 보일지 몰라도 근본적인 문제가 해결되지 않았기 때문에 언젠가는 다시 문제가 되어 불거질 수밖에 없다는 우려가 있습니다.

지금 영국에서는 이민자 문제가 굉장히 심각합니다. 사실 영국에서 브렉시트를 택했던 가장 큰 이유는 이민자와 난민들의 유입에 반대했기 때문이라고 해도 과언이 아닙니다. 그런데 브렉시트 이후 영국으로 들어오는 이민자와 난민이 줄어들기는커녕 오히려 폭증했습니다. 영국 정부의 이민 통계를 보면 합법적 이민자의 경우 브렉시트 직전인 2015년 영국으로 들어온 이민자는 65만 명이었습니다. 이 중에서 EU 출신이 아닌 이민자는 36만 명이었습니다. 그런데 2022년 이민자는 120만 명으로 무려 2배 가까이 늘어났습니다. 게다가 EU 출신이 아닌 이민자가 93만 명으로, 브렉시트 이전보다 3배 증가한 것으로 나타났습니다. 브렉시트 이전에는 유럽 연합

소속인 남유럽이나 동유럽에서 온 이민자도 많았는데, 브렉시트 이후에는 이들이 대부분 고국으로 돌아갔습니다. 그래서 노동력 부족 현상이 심각해지자 아프리카나 중동 등에서 수많은 저임금 이민자들을 받아들이기 시작한 겁니다. 그렇다면 난민 숫자라도 줄어들었느냐? 그렇지가 않습니다. 2023년 영국에서는 6만 2000명이 난민 지위를 인정받았는데, 이는 영국에서 통계를 내기 시작한 이후 가장 높은 수치였습니다.

옥스포드 대학이 이민자들의 영국 입국 목적을 조사한 결과 일자리를 찾아서 영국에 왔다고 답한 경우가 가장 많았습니다. 결국 영국 사람들과 이민자들이 일자리 경쟁을 할 수밖에 없는 상황이 된 것입니다. 이런 값싼 노동력이 대거 유입되자 이들과 일자리를 놓고 경쟁해야 하는 청년들은 일자리를 잃거나 저임금 일자리로 내몰리게 됐습니다. 기성세대는 이미 숙련 노동자거나 정규직 일자리를 갖고 있는데 비해, 청년들은 경력이 없기 때문에 값싼 외국인 노동력이 들어오게 되면 피해를 고스란히 겪을 수밖에 없습니다. 이처럼 영국의 정치권과 기성세대가 값싼 외국인 노동력을 활용하기 위해 외국인 노동자를 들여오고 정작 영국의 청년들을 위한 일자리는 등한시하는 모습을 보면서 영국 청년들의 분노가 계속 쌓여갔던 겁니다.

이번 폭동을 진압하는 과정에서 영국 정부는 시위 주동자와 가담자를 엄벌하는 강경책을 썼습니다. 덕분에 일단은 폭동을 잠재울 수 있었습니다. 당장에 폭동을 막는 것도 중요하겠지만 더욱 중요한 건 소외된 영국의 저소득층 문제, 특히 청년 실업 문제를 풀지 못하면 영국은 빈곤과 폭동의 악순환을 해결할 수 없을 것으로 보입니다. 이번에는 영국에서 반이민 폭동이 일어났지만 현재 유럽 국가들 대부분이 영국과 굉장히 비슷한 문제를 안고 있습니다. 경제 성장률이 크게 낮아지면서 특히 청년들을 중심으로 실업률이 크게 높아졌고, 이에 대한 불만이 점점 커지고 있습니다.

만약 경제 문제와 난민 문제를 둘 다 해결하지 못한다면 언제 어디서든 유럽 곳곳에서 영국과 비슷한 폭동이 일어날 수 있습니다. 또한 유럽의 정치 지형도 크게 요동칠 수 있는데 유럽 의회와 유럽 각국 선거에서 반이민, 반난민은 물론 탈세계화를 주장하는 극우파가 집권할 가능성이 큽니다. 유럽의 좌파와 우파 모두 이민에 대해 관대한 정책을 써 왔기 때문에 유럽 청년들은 자신의 이익을 대변하는 극우파 정당에 투표하는 경우가 점점 더 늘어나고 있습니다. 만일 좌파와 우파 모두 이런 청년들의 요구를 계속 무시한다면 앞으로 극우파가 정권을 잡는 경우가 늘어날 텐데요. 그렇게 되면 이민에 대한 장벽이 높아지는 것은 물론 지금까지 세계 경제의 성장을 이끌었던 세계화의 물결마저 더욱 크게 후퇴하게 될 겁니다.

특히 이런 상황에서 트럼프의 당선은 유럽의 극우 세력을 더욱 자극할 것입니다. 당장은 유럽의 극우파가 자신들과 비슷한 성향의 반난민, 반이민 정책을 앞세운 트럼프가 당선된 것을 환영하겠지만 트럼프가 첫 임기 때보다 훨씬 더 강력한 미국 우선주의를 밀어붙이게 되면 유럽도 경쟁적으로 자국 우선주의 정책을 쓰며 미국과 대립하게 될 가능성이 큽니다. 이는 국제 질서의 새로운 불안 요인으로 작용할 수 있습니다. 특히 우리나라의 경우 1980년대 후반부터 시작된 세계화 바람 덕분에 고속 성장을 해 왔던 만큼, 미국과 유럽 등 주요 선진국이 자국 중심주의로 선회할 경우 가장 큰 타격을 받는 국가 중에 하나가 될 수 있습니다.

또한 이민 정책에 대한 영국의 사례는 우리에게 시사하는 바가 매우 큽니다. 이미 자기 분야에서 경력을 쌓은 기성세대 입장에서는 부족한 노동력을 해외에서 들여오는데 거부감이 적지만, 외국의 값싼 노동력과 경쟁해야 하는 미숙련 노동자인 청년들은 이민자에 대한 거부감이 훨씬 클 수밖에 없습니다. 우리나라의 합계 출산율이 세계 최하위인 만큼 벌써부터 심각한 노동력 부족 현상을 겪고 있는데, 지금 한국 기성 정치권은 필리핀 가사 도우미와 외국인 고용 허가제 등 온갖 방식으로 해외 노동력을 수입하는 미봉책으로 일관하고 있습니다. 그러나 이는 유럽처럼 기성세대와 청년 세대 간의 갈등을 부추기고 언젠가 영국과 같은 큰 사회 불안을 야기할 수 있는 심각한 문제가 될 수 있습니다. 따라서 첫 단추부터 장기적인 계획을 세우고 줄어드는 노동력을 어떻게 대체할 것인지 치열하게 고민해야 할 것입니다.

TRUMP 2.0 ERA

가난을 수출해 위기를 돌파하겠다는 중국, 과연 성공할까?

●

현재 중국의 경제 성장률은 굉장히 가파른 속도로 추락하고 있습니다. 시진핑 주석이 처음 취임했을 때만 해도 중국의 성장률은 7.8%였습니다. 그런데 시진핑 주석이 취임하고 나서 2013년부터 2021년까지 중국의 성장률은 연평균 6.6%를 기록해 중국의 성장세가 점점 꺾이는 모습을 보였습니다. 특히 팬데믹 시기였던 2020년과 2021년은 성장률이 2.0%와 8.4%를 기록할 정도로 널뛰듯이 출렁거렸습니다. 코로나가 진정된 2023년에는 중국의 리오프닝으로 성장률이 크게 뛰어오를 것이라는 기대가 많았지만 정작 성장률은 5.2%에 불과했습니다. 2024년 중국의 공식 성장률 전망치는 5% 안팎인데, 일본 닛케이 신문이 중국 이코노미스트들을 대상으로

2024년 중국 경제 성장률 전망치에 대한 설문 조사를 한 결과 4.7%로 나타났습니다.

중국의 성장률이 갑자기 왜 이렇게 떨어졌을까요? 사실 4.7%의 성장률은 우리나라 입장에서 봤을 때 결코 낮지 않지만, 중국 입장에서는 충격적인 수치입니다. 전력 질주를 하다가 갑자기 벽에 부딪치면 크게 다치듯이 성장률이 갑자기 이렇게 주저앉으면 큰 타격을 받을 수 있기 때문입니다. 이렇게 경제 성장률이 하락한 결정적인 이유는 중국의 내수 상황이 어느 때보다도 나쁘기 때문입니다. 2024년 6월 소매 판매는 전년 대비 2.0% 증가에 그쳐 시장 예상치였던 3.4%에 크게 못 미쳤습니다. 최근에는 중국 통계에 대한 신뢰도 문제 때문에 글로벌 회사들이 아예 스스로 내수를 추정하기 시작했습니다. 대표적으로 로디움그룹Rhodium Group이 자체적으로 통계를 집계한 결과, 2024년 초반 중국의 내수 성장률의 GDP 성장 기여도가 1%p에 미치지 못했다고 밝혔습니다.

이처럼 중국인들이 지갑을 닫은 이유는 중국의 부동산 가격이 급락하고 중국 경제의 불확실성이 커졌기 때문입니다. 중국 국가 통계국이 발표한 공식 통계를 보면 2024년 9월 기준 중국의 전국 평균 부동산 가격은 고점 대비 16% 하락했습니다. 그러나 실제로는 고점 대비 20~30% 하락했다는 분석도 많습니다. 더구나 중국의 공식 통계를 곧이곧대로 믿는다고 해도 대도시인 1선 도시에 비해 일부 중소 도시의 집값은 거의 반 토막이 났을 정도로 하락율이 매우 심각합니다. 중국은 전체 가구 중에서 집을 가진 가구의 비율, 즉 자가 주택 보유율이 전 세계에서 가장 높은 편이기 때문에 집값 하락에 매우 민감합니다. 게다가 집을 한 채 갖고 있는 경우 집값의 85%, 두 채인 경우 집값의 75%까지 대출을 받을 수 있기 때문에 집값이 10~20% 떨어진 것만으로도 전 재산을 잃어버린 사람이 적지 않습니다.

사실 중국의 집값이 천정부지로 오르다가 이렇게 한꺼번에 무너지기 시작한 것은 중국 정부 탓이 큽니다. 정부가 집값 상승을 방치하고 있다가 집값이 하락하면 곧바로 부동산 부양책으로 떠받쳐 왔기 때문입니다. 이제 중국인들은 집값이 떨어지면 언제든 정부가 나서서 집값을 다시 올려 줄 것이라고 믿기 시작했고, 그 결과 중국인들은 기회만 생기면 한계까지 빚을 져서 모조리 부동산에 쏟아붓기 시작했습니다. 지난 40년간 중국의 집값은 어쩌다 1, 2년 잠깐 조정을 받은 기간 외에는 지속적으로 치솟아 올랐습니다. 집값이 오를 때는 소비도 늘어나고 경기도 좋아졌지만 집값 하락이 계속되자 선뜻 돈을 쓰기가 어려워진 겁니다. 결국 집값 하락이 3년 이상 지속되자 중국인들이 고성장기에 벌어 둔 돈이 부동산값 급락과 함께 증발하기 시작했고, 그 결과 내수 시장이 계속 쪼그라들어 중국 경제 전체가 큰 어려움에 처하게 된 것이죠.

여기서 하나 짚고 넘어갈 게 있습니다. 중국의 공식 통계를 보면 중국인들의 순자산 가운데 60%가 부동산입니다. 순자산이 1억 원이라면 6000만 원이 부동산이란 얘기입니다. 그런데 이는 과소평가된 것이고 최대 70%라는 얘기도 있습니다. 미국이나 일본의 가계 순자산 가운데 30~40% 정도가 부동산인 것을 감안하면 정말 놀라울 정도로 높은 수치입니다. 그런데 중국보다 더한 나라가 있습니다. 바로 우리나라입니다. 한국인의 순자산은 무려 87%가 부동산으로 구성되어 있습니다. 순자산이 10억 원인 사람의 자산 중에 8억 7000만 원이 부동산이란 뜻이 됩니다. 순자산이란 전체 자산에서 빚을 뺀 것을 뜻하는데, 워낙 많은 사람들이 빚을 지고 집을 산 탓에 이런 황당한 수치가 나온 겁니다. 서방 언론들은 중국의 부동산 투기가 거의 광기 수준이라고 보고 있지만, 중국보다 한술 더 뜬 독보적인 세계 1위 국가가 바로 우리나라입니다.

다시 중국 얘기로 돌아가서 이렇게 중국 내수 시장이 엉망라면 당연히 경제 성장률도 낮아져야 하는데 중국 경제 성장률이 올해도 4.7%를 유지하는 이유는 무엇일까요? 첫 번째는 과잉 생산입니다. 현재 중국 기업들은 아무리 재고가 넘쳐 나도 일단 정부의 보조금을 받아서 더 많이 생산하고 창고에 더 많은 재고를 쌓아 놓고 있습니다. 이런 재고 자산은 투자로 간주되어 GDP를 끌어올리는 효과가 있습니다. 재고를 쌓아 두려고 생산을 한다는 것은 자본주의 경제에선 말도 안 되는 일이지만, 지금 중국은 일자리 감소가 우려되어 과잉 생산을 방치하거나 오히려 더욱 부추기고 있습니다. 덕분에 성장률은 높여 놓았지만 기업들은 더욱 부실화되고 있습니다.

두 번째 이유는 저가 밀어내기를 통한 수출 확대입니다. 제아무리 중국이라도 창고가 터져 나갈 정도로 계속 재고를 쌓아 둘 수는 없습니다. 그래서 중국이 택한 방법은 과잉 생산한 제조업 제품을 해외로 헐값에 밀어내기 수출을 하는 건데요. 지방 정부 보조금에 국영 은행 저금리 대출까지 온갖 지원을 받은 중국 기업들이 손해를 보더라도 일단 쌓여 있는 재고를 해외로 수출해 공장을 계속 가동하는 전략을 쓰고 있습니다. 결국 중국의 경제 성장률 4.7%의 비밀은 재고 쌓기와 수출 밀어내기로 만들어 낸 허상이라는 뜻입니다. 보통 이런 상황이라면 다른 나라들은 공장 가동률을 줄이지만 중국은 역발상의 정책을 내놨습니다. 어차피 과잉 생산으로 쌓여 있는 제품들을 헐값에 수출하고 있으니, 이참에 다른 나라 경쟁 기업을 죽이고 차후엔 세계 시장을 장악하겠다는 겁니다.

세 번째 이유는 중국의 과잉 설비 투자가 계속되고 있다는 겁니다. 이렇게 과잉 생산이 계속되면 당연히 공장 가동률을 줄이고, 그래도 안 되면 설비 투자 증설을 멈추는 것이 정상일 테지만 이것 역시 역발상의 정책으로 설비 투자를 급속히 확대하고 있습니다. 철강, 알루미늄, 석유 화학, 태양광, LCD, 반도체 등이 중국이 과잉 설비 투자를 계속 확대하는 대표적인 산업인데요. 일단 중국이 과잉 설비 투자를 한 업종은 전 세계가 초토화된 상황입니다. 2024년 닛케이 아시아가 중국의 과잉 생산이 얼마나 심각한지 보여 주는 기사를 보도했습니다. 2025년 중국의 친환경 자동차 생산 설비는 무려 3,600만 대에 이를 것이라고 합니다. 그런데 중국 내 친환경차 시장은 1,900만 대에 불과하기 때문에 이대로 가면 1,700만 대가 초과 생산될 판입니다. 2023년 중국의 친환경차 수출량은 고작 172만 대에 불과했습니다. 이것만으로도 유럽 자동차 회사들이 잇따라 경영난에 빠질 정도로 유럽 연합 제조업체들이 비상이 걸렸던 것을 고려하면, 앞으로 1,700만 대를 생산하고 헐값으로 밀어내기를 시도할 경우 유럽은 물론 전 세계 자동차 시장에 어떤 파장을 불러올지 벌써부터 우려가 될 수밖에 없습니다.

이 때문에 전 세계가 중국의 과잉 생산과 밀어내기를 막기 위해 중국에 대한 무역 장벽을 높이고 있습니다. 미국이 중국산 전기차에 대해 100% 관세를 부과한 데 이어 유럽은 최고 46.3%, 캐나다가 100%의 관세를 부과하겠다고 밝혔습니다. 중국산 철강과 알루미늄에 대해서도 세계 주요 국가가 관세를 대폭 인상하고 있는데요. 중국과 패권 전쟁을 하고 있는 미국은 물론 브라질, 멕시코, 칠레 등 중국에 호의적이었던 국가들조차 관세 인상 대열에 합류했습니다. 심지어 인도네시아는 중국산 섬유와 전자 제품, 신발 등에 100~200% 관세를 부과할 계획입니다. 이미 인도는 온갖 비관세 장벽으로 중국산 제품은 물론 500여 개 앱까지 차단시켰습니다. 이제 경제 규모가 큰 나라 중에서 중국에 관세 장벽을 세우지 않은 나라는 한국과 러시아 등 극소수에 불과합니다. 중국이 워낙 헐값 밀어내기를 통해 다른 나라 기업들을 벼랑 끝으로 내몰고 있는 탓에 이제 세계 각국이 자국 산업을 지키기 위한 행동에 나선 겁니다.

이런 민감한 상황에서 2024년 중국 공산당 중앙위원회 제3차 전체 회의(3중전회)가 열렸습니다. 여기서 중국 정부가 경제를 살리기 위한 특단의 대책을 내놓을 것이라는 전망이 많았는데, 정작 뚜껑을 열어 봤더니 별게 없다는 평가가 나오면서 중국 경제가 이제는 대책조차 마련할 수 없을 정도로 무너진 게 아니냐는 우려까지 나오고 있습니다. 중국 경제가 정말 심각한 상황인 것은 틀림없는 사실이지만 3중전회에서 아무런 결실이 없었다고 보기는 어렵습니다. 저는 중국의 마지막 회심의 카드가 담겨 있고 이를 통해서 경제의 부활을 꾀하고 있다고 보고 있습니다. 게다가 중국이 경제 부활을 위해 노리는 분야가 하필이면 우리나라가 장점으로 갖고 있는 주요 산업들이기 때문에 더욱 관심을 가지고 살펴봐야 합니다.

그런 측면에서 중국이 이번 3중전회를 통해 새롭게 내세운 산업 전략에 주목할 필요가 있습니다. 바로 "신질新質 생산력"입니다. 이 단어는 사실 2023년 처음 등장한 것인데, 2024년 3중전회에서 공식화하면서 이제 중국의 공식적인 미래 전략으로 자리를 잡았다는 것이 중요한 변화라고 볼 수 있습니다. 중국이 내세운 신질 생산력이란 막대한 자본을 투여해서 다른 나라의 장비에 의존하지 않는 글로벌 생산 기반을 조성하겠다는 것이 핵심 내용입니다. 그리고 구체적으로 분야도 적시했습니다. IT, AI, 항공 우주, 신에너지, 신재료, 첨단 장비, 바이오 등입니다. 전부 다 우리나라의 주력 산업이면서 중국에 제조 설비를 수출하는 분야이기도 합니다. 결국 신질 생산력이 완성되면 한국의 반도체 장비나 제조 설비에 더 이상 의존하지 않겠다는 의미가 될 수 있습니다.

그렇다면 이런 중국의 정책 방향은 우리나라에 어떤 영향을 미칠까요? 일단 단기적인 관점에서 보면 호재로 작용할 수 있습니다. 그동안 중국 경제가 계속해서 가라앉다 보니 우리나라도 동반 추락하는 형국이었습니다. 그런데 중국이 생산력을 끌어올리겠다며 설비 투자를 더욱 확대하면 어떻게 될까요? 적어도 아직까지는 중국의 생산 설비에 우리나라의 중간재를 필요로 하는 분야가 적지 않기 때문에 우리나라의 대중국 수출이 일시적으로 회복될 가능성이 있습니다. 그러나 중국 신질 생산력의 최종 목표는 결국 한국에 대한 중간재 의존에서 완전히 벗어나는 데 있다는 점을 명심해야 합니다.

중국은 신질 생산력을 2029년까지 완성하겠다는 계획입니다. 중국은 이미 과잉 생산 국가인데 여기다가 생산 설비를 더 늘린다면 중국과 경쟁해야 하는 전 세계 기업들이 모두 어려움에 처할 수밖에 없습니다. 여기서 중국의 노림수가 나옵니다. 바로 글로벌 치킨 게임에 돌입하는 겁니다. 전 산업 분야에서 과잉 생산을 통해 다른 나라 기업들을 모두 죽이고 자국 경제는 살려 보겠다는 전략입니다. 이미 이전에 태양광 패널과 LCD 산업에서 같은 수법을 써먹은 적이 있고 실제로 성공했기 때문에, 이제는 이 같은 과거의 성공 사례를 전 산업으로 확장하겠다는 신호로 볼 수 있습니다.

중국이 특별히 우리나라만 노린 것은 아니겠지만, 3중전회에서 중국이 주력하겠다는 산업을 보면 결과적으로 한국을 겨냥한 셈이 됐습니다. 앞서 언급한 것처럼 중국이 노리는 분야들이 모두 한국의 미래가 달린 아주 중요한 성장동력 산업 분야와 일치합니다. 우리의 주요 산업을 두고 중국과 치킨게임을 해야 하는 상황이 온 것은 틀림없습니다. 그런데 중국과 우리나라는 큰 차이가 있습니다. 중국은 부동산을 포기하고 남은 마지막 여력을 제조 굴기와 로봇 굴기에 쏟아붓고 있는데, 우리나라는 중국에 비하면 별다른 산업 정책이 없다고 해도 과언이 아닙니다. 게다가 이런 다급한 상황에서 한국 경제에 마지막 남은 여력을 부동산으로 쏠리도록 유도하는 바람에, 지금 우리나라의 자금은 부동산으로만 몰리고 있는 형국입니다.

이런 상황에서 우리나라 기업들은 정부의 지원은커녕 충분한 인력과 에너지조차 확보하지 못해 총체적 난국을 겪고 있습니다. 산업별로 봤을 때 반도체 분야에서는 향후 10년 동안 3만 명이 부족할 전망이고, 바이오 분야에도 10만 8000명이 넘는 추가 인력이 필요합니다. 여기에 클라우드와

빅데이터 분야도 4만 명에 가까운 인력이 부족한 상황입니다. 조선업체는 2027년까지 13만 5000명이 더 필요한데, 수주를 받아도 인력이 부족해서 납기를 맞출 수 없을 것이라는 불안감에 시달리고 있습니다.

에너지 부족 문제도 정말 심각합니다. 제조 굴기를 내세운 중국과 치열한 싸움을 하려면 값싸고 풍부한 에너지 공급이 정말 중요한데, 지금 우리나라의 발전소 건설 속도는 느려도 너무 느립니다. 게다가 막대한 전력을 필요로 하는 첨단 제조업체와 데이터 센터는 대부분 수도권에 건설되고 있는데, 발전소는 대부분 남부와 동부에 위치해 있어 송전망 없이는 가동될 수가 없습니다. 그런데 수도권까지 연결되는 송전망을 제때 건설하지 않아서 이미 건설된 발전소 중에서 가동을 멈추고 아예 놀고 있는 경우가 늘어나고 있습니다. 이 때문에 우리나라의 전력 대란이 이제 눈앞으로 다가오고 있습니다. 한마디로 중국과 치열한 산업 전쟁을 치러야 할 우리 기업들을 아무런 무기나 군수 물자도 없이 전쟁터로 내몰고 있는 셈입니다. 한국이 부동산을 수출해서 먹고살 수 있는 게 아니라면 이제 국가의 남은 여력을 부동산으로 유도하는 정책을 멈추고 최소한 주요 산업 분야의 인재 육성과 송전망 건설이라도 서둘러 추진해야 합니다.

지금 당장의 경제 여건만 놓고 보면 중국의 상황이 우리나라보다 몇 배는 더 심각합니다. 그럼에도 불구하고 중국 정부는 국가의 여력을 수출 기업에 쏟아붓는 거대한 정책 변화를 시도하고 있습니다. 이렇게 되면 앞으로 2029년 중국의 신질 생산력이 완성될 때쯤에도 과연 지금처럼 한국의 경제 상황이 중국보다 나을 수 있을지 우려가 될 수밖에 없습니다. 중국은 다가오는 경제 위기에 맞서기 위해 비장의 무기를 꺼내 들었습니다. 그리고 그들의 칼끝이 우리를 향해 있습니다. 우리가 여기에 설익은 정책으로 대응한다면 그동안 공들여 쌓아 온 소중한 제조업 기반을 송두리째 잃어버릴 수도 있다는 점을 명심해야 합니다.

트럼프 2.0 시대
글로벌 대격변이 시작된다

TRUMP 2.0 ERA

인플레 유도하려다
가난해진 일본

●

최근 언론에서 일본 경제가 살아났다는 기사를 많이 볼 수 있습니다. 2024년 2분기에 일본의 경제 성장률이 연율 기준 3.1%를 기록했고 디플레이션에서도 벗어났다며 일본 경제 부활을 단정 짓는 기사도 있습니다. 특히 2024년 니케이 지수가 1989년 기록했던 최고점인 38,915을 35년만에 다시 회복했다는 것과 한국의 서울시에 해당하는 도쿄도 23구의 집값이 33년 전의 최고점을 다시 돌파한 것을 일본 경제 회복의 신호로 보도하는 경우도 많았습니다. 그런데 이상한 점이 있습니다. 이렇게 일본 경제가 다시 살아났다면 부활을 이끌었던 기시다 전 일본 총재의 임기 말 지지율은 왜 고작 17% 수준 밖에 되지 않았던 걸까요? 그리고 기시다 전 총리는 왜 자민당 총재 불출마를 선언해 스스로 연임을 포기하고 총리직에서 물러나는 선택을 한 걸까요? 기시다가 일본 경제의 기적적인 부활을 이끌었다는 우리나라 언론보도와 일본의 정치 상황이 전혀 맞지가 않습니다. 도대체 일본 경제는 어떻게 돌아가고 있는 걸까요?

먼저 니케이 지수부터 확인해 보겠습니다. 1989년 일본 증시가 초호황을 보이던 시기에는 주가 폭등의 수혜를 일본인들이 누렸습니다. 당시 일본 증시에서 외국인 투자 비중은 10%도 안 됐기 때문에 일본인들의 비중이 압도적으로 높았고, 그래서 주가가 급등하자 일본 증시에 투자했던 일본인들이 큰 부를 축적할 수 있었습니다. 하지만 2023년 증시 상승기에는 외국인 투자자 비중이 무려 31.8%로 1970년대 이후 최고치를 기록하고 있습니다. 일본의 중앙은행인 일본은행도 ETF를 통해 주식 투자를 하고 있는데, 일본은행이 보유한 주식 비중이 일본 전체 시가 총액의 7%나 됩니다. 여기에 대주주 보유 비중까지 빼면 일반인들의 보유 비중은 극히 작아서, 현재 일본 주식 시장에서 개인 투자자들의 주식 보유 비중은 고작 16.9%에 불과합니다.

원래 증시가 크게 오르면 자산이 늘어난 것처럼 느껴서 소비가 증가하고 경기가 활성화되는 부의 효과Wealth effect가 작동해야 하는데, 일본은 주가 지수가 아무리 올라도 그런 효과가 일어날 수 없는 구조입니다. 증시 호황의 과실이 외국인과 일본은행, 그리고 소수의 대주주들에게만 집중된 탓에 주식 투자를 하지 않는 대부분의 일본 중산층에게 증시 상승은 남의 집 잔치나 다름이 없습니다. 게다가 일본의 개인 투자자들 중에는 니케이 지수가 사상 최고치를 돌파한 이후 뒤늦게 새로 투자에 참여한 경우가 많은데, 이들 대부분이 주식 투자로 많은 돈을 잃고 있는 상황입니다. 사실 일본 증시의 상승은 일본은행이 떠받쳤다고 해도 과언이 아닙니다. 즉 일본은행이 마구 돈을 찍어서 외국인들에게만 좋은 일을 시켜 준 셈입니다.

일본의 부동산 가격 상승도 좋게만 볼 수 없습니다. 2023년 일본의 전국 집값 상승률은 2.4%였습니다. 그런데 같은 기간 우리나라 서울시에 해당하는 도쿄도 23구의 신규 분양 아파트(맨션) 가격은 무려 39.4%나 올랐습니다. 도쿄를 제외한 나머지 지역은 집값이 정체되어 있거나 심지어 하락하고 있는데도, 도쿄 집값 상승이 전국 평균 집값 상승을 이끈 것입니다. 도쿄도 23구 인구는 960만 명 정도로 서울 인구와 비슷한 수준입니다. 이곳에 집을 갖고 있는 소수만이 더 부자가 됐을 뿐 도쿄에 사는 세입자들은 치솟아 오른 임대료 때문에 고통을 겪고 있습니다. 게다가 도쿄를 제외한 다른 지역은 집값 상승에서 완전히 소외되어 있습니다. 기시다가 집권한 3년 동안 집값을 끌어올리기 위해 온갖 부양책을 퍼부었지만, 결국 도쿄도 23구에 주택을 보유한 극히 소수만을 위한 정책으로 변질된 겁니다.

일본의 경제 성장률도 이상 조짐을 보이고 있습니다. 우리나라 언론은 일본의 성장률이 높게 나왔을 때만 대서특필하기 때문에 일본의 경제 성장률이 최근 들어 계속 높아진 것으로 착각하기 쉽지만, 실제로 일본의 성장률은 전례 없는 변동성을 보이고 있습니다. 2023년 2분기에는 이전 분기 대비 1.5% 성장했지만 3분기에는 -0.8% 성장으로 추락했고, 2023년 1분기에 0.1% 성장해서 회복하나 싶더니 2024년 1분기에는 다시 -0.5%를 기록해 뒷걸음질을 쳤습니다. 일본과 같은 성숙한 선진국에서 이렇게 성장률이 들쭉날쭉해진 이유는 일본 경제의 버팀목이었던 내수가 무너진 상태에서 정부 지출 증가 폭에 휘둘리는 경제가 됐기 때문입니다.

일본이 디플레이션을 극복했다는 것도 사실 많은 문제점을 갖고 있습니다. 2024년 8월 일본의 물가 상승률은 전년 동기 대비 3.0%를 기록했습니다. 특히 신선 식품 등을 제외한 핵심소비자물가 상승률은 2.7% 상승률을 보였습니다. 최근 2년 동안의 물가 상승률이 일본은행의 인플레이션 목표치 (디플레이션 극복을 위한 물가 상승률 목표치)인 2%를 상회하고 있는 만큼 일본이 30여 년간 겪어 왔던 디플레이션의 고통에서 드디어 벗어나게 되었다는 평가가 나오고 있습니다. 하지만 디플레이션에서 벗어난 대신 일본인들이 겪게 된 대가는 만만치 않습니다.

일단 일본의 실질 임금이 2024년 5월까지 26개월 연속 하락을 겪었습니다. 이는 일본 역사상 최장기 하락입니다. 일본은행이 기록적으로 돈을 찍어 대는 바람에 물가는 2년 전부터 2%대 상승을 시작했지만 임금이 정체된 탓에 일본인들이 지속적으로 가난해진 겁니다. 이로 인해 기시다 정권에 대한 지지율이 추락하자 뒤늦게 일본 정부가 기업들에게 압력을 가해 2024년 6월부터 임금이 조금씩 오르기 시작했지만, 이미 실질 임금이 크게 하락한 상태여서 일본 정부의 일회성 압력만으로 일본인들의 실질 임금을 인플레이션 이전으로 되돌리기에는 턱없이 부족한 상황입니다. 이렇게 실질 임금이 줄어들면 어떤 일이 일어날까요? 당연히 쓸 돈이 없으니 소비 지출을 줄이게 됩니다. 2024년 1월 일본의 실질가계소비지출이 전년 대비 6.3% 감소해서 충격을 줬습니다. 이 여파로 일본의 경제 성장률이 들쭉날쭉하게 된 겁니다. 이 상황에서 인플레이션이 악화된다면 또다시 실질 임금이 하락하고 일본인들이 지갑을 닫을 가능성이 커질 겁니다.

이 때문에 다급해진 일본은행이 금리 인상에 나선 것인데, 문제는 일본의 금리 인상과 미국의 금리 인하가 맞물리면서 저금리 엔화 자금을 빌려 해외에 투자하는 엔 캐리 트레이드Yen Carry Trade가 청산될 위험성이 커졌다는 점입니다. 2023년 미국의 10년물 국채 금리가 연리 4% 수준인데 비해 일본은 0.5%였기 때문에, 일본에서 돈을 빌려 미국 국채에 투자하면 그 자리에서 3.5%p를 남길 수 있는 정말 쉬운 투자를 할 수 있었습니다. 게다가 엔화 가치가 계속 하락하는 추세였기 때문에 투자했던 달러를 엔화로 환전하면 수익률이 더욱 올라가는 구조였습니다. 특히 돈을 많이 빌릴수록 더 많은 수익을 낼 수 있다 보니 일본인뿐만 아니라 글로벌 헤지 펀드hedge fund들까지 엔화를 빌려 미국 국채 등 해외 채권 투자에 적극적으로 나선 겁니다.

이런 방식의 투자는 엔화 가치가 떨어질 때는 환차익까지 누릴 수 있어서 수익률이 더욱 커질 수 있지만, 반대로 엔화 가치가 상승하면 환차손이 발생하기 때문에 오히려 손실을 볼 수도 있습니다. 예를 들어 1달러에 160엔일 때 엔화를 빌려 미국에 투자해서 10% 수익을 거뒀다고 가정해 보겠습니다. 그런데 이 기간 동안 엔화 가치가 20% 정도 올라 환율이 1달러에 약 130엔이 되면 엔화로 환전할 때 오히려 10%의 손실을 보게 됩니다. 이 때문에 엔 캐리 트레이드의 최대 약점은 바로 엔화 가치 급등인데요. 만일 지금처럼 미국과 일본 사이의 금리 격차가 빠르게 줄어드는 상황이 시작되면 서로 눈치를 보다가 일순간에 엔 캐리 트레이드 청산이 일어날 위험이 있습니다.

엔 캐리 트레이드 규모는 일본의 해외 포트폴리오 투자를 기준으로 4조 달러(5,400조 원) 정도로 추정되고 있지만, 글로벌 헤지 펀드가 레버리지로 운용하는 돈까지 합치면 그 규모를 가늠하기조차 어렵습니다. JP모건은 7월 말 일본의 금리 인상 이후 한 달여 기간 동안 2,000억~2,500억 달러의 엔 캐리 트레이드 자금이 청산됐다고 추정했습니다. 고작 이 정도 규모의 엔 캐리 트레이드 청산만으로도 엔화 가치가 급등하고 미국 금융 시장이 흔들렸던 것을 생각하면 앞으로 남은 엔 캐리 트레이드 청산의 파급 효과가 얼마나 클지 상상하기조차 어렵습니다.

엔 캐리 트레이드 청산이 일어나면 미국 증시는 물론 한국 증시도 함께 타격을 받을 수 있습니다. 엔 캐리 트레이드 청산 초기에는 미국에서 돈을 빼기 시작하겠지만 결국 미국보다 전망이 안 좋은 나라에서 더 많은 돈을 뺄 가능성이 크기 때문입니다. 우리 금융 당국은 한국에 들어와 있는 엔 캐리 자금 규모가 2024년 6월 말 기준으로 15조 원에 불과했고 이미 8월에 대부분 청산되어 더 이상의 충격은 없을 거라고 말하고 있지만, 사실 금융 당국이 집계한 엔 캐리 자금은 일부 단기성 투기 자금에 불과하고, 통계에 잡히지 않는 자금이 다양한 간접 경로를 통해 시장에 유입되어 있기 때문에 향후 청산 위험이 없을 것이라고 너무 낙관해서는 안 됩니다.

그렇다면 엔 캐리 트레이드가 청산되는 것은 어디까지나 일본이 아닌 다른 나라들의 문제이니, 일본 경제에는 영향이 전혀 없을까요? 그렇지 않습니다. 엔 캐리 트레이드가 한꺼번에 청산되면 일본 경제도 타격을 받을 수밖에 없습니다. 엔 캐리 트레이드가 청산된 대표적인 시기가 2008년이었는데 2008년 9월부터 2009년 1월까지 엔화 가치가 달러 대비 17%, 유로화 대비 27%나 치솟아 올랐습니다. 이 여파로 2008년 9월 7,360억 엔이었던 일본의 한 달 수출 금액이 2009년 1월에는 3,480억 달러로 53%나 줄어든 반면, 한국은 같은 기간 43% 줄었고 중국은 10% 줄어드는 데 그쳤습니다. 세계적인 경기 불황 속에서 엔화 가치까지 치솟다 보니 일본의 수출 감소 폭이 우리나라나 중국보다 훨씬 컸던 겁니다.

특히 이번에는 엔 캐리 트레이드 청산이 일본 경제에 미칠 타격이 더 클 수 있습니다. 지난 2년간 일본의 내수 시장이 쪼그라든 탓에 해외 관광객과 대외 수출 의존도가 훨씬 높아졌는데, 엔 캐리 트레이드 청산으로 엔화 가치가 오르면 해외 관광객이 급감하고 대외 수출도 타격을 받을 수밖에 없기 때문입니다. 이 때문에 미국 등 엔 캐리 트레이드 의존도가 높은 나라들뿐만 아니라 일본도 엔 캐리 트레이드 청산을 꺼릴 수밖에 없습니다. 그래서 엔 캐리 트레이드 청산을 촉발할 수 있는 엔화 가치 급등을 막기 위해 미국 연준과 일본은행이 공조를 하려고 노력할 가능성이 큽니다.

이런 상황에서 트럼프의 당선은 글로벌 금융 시장의 불안정성을 가중시킬 수 있습니다. 대선을 앞둔 9월 연방공개시장위원회FOMC 회의에서 기준 금리를 0.5%p를 인하해 놓고 트럼프가 대통령으로 취임한 이후 금리 인하 속도가 더디게 되면, 트럼프 입장에서는 대선 직전 금리 인하가 정치적 결정이었다고 인식할 수 있습니다. 따라서 금리 인하 속도를 가속화하라고 연준을 더욱 압박할 가능성이 큽니다. 연준이 트럼프의 압박을 견뎌 낸다고 해도 지속적인 금리 인하 압박 자체가 글로벌 시장의 변동성을 키울 가능성이 있습니다. 연준의 이번 2025년 금리 인하는 엔 캐리 트레이드 청산 가능성과 미국의 경기 침체 위험, 인플레이션의 부활 등을 고려해서 정말 신중하게 결정해야 합니다. 이렇게 중요한 통화 정책 결정에 정치적 영향력이 개입하게 되면 더욱 혼란이 가중될 수밖에 없습니다.

트럼프 2.0 시대
글로벌 대격변이 시작된다

트럼프
2.0
시대

4장

사회: 끝나지 않은 한강의 기적

TRUMP 2.0 ERA

최악의 에너지 대란을
맞이하는 자세

●

혼란스러운 국제 정세 속에서 에너지 가격도 급변하고 있습니다. 문제는 우리나라 에너지 수입 의존도가 무려 94%로, 몰타에 이어 2위를 기록하고 있다는 점입니다. 이는 일본 83%, 이탈리아 75%, 독일 64%에 비해 현저히 높은 수준입니다. 에너지 가격의 변동성이 커지면 심각한 에너지 위협에 시달릴 수밖에 없으므로, 지금부터 에너지 문제에 미리 대비해 놓지 않으면 자칫 수년 내로 에너지 대란을 맞을 수도 있는 위태로운 상황입니다.

에너지는 인구 다음으로 한 나라 경제의 운명을 좌우하는 가장 중요한 문제입니다. 이를 보여 주는 대표적인 사례가 바로 유럽입니다. 2022년 우크라이나-러시아 전쟁 발발 이후 유럽은 심각한 에너지 위기를 겪고 있습니다. 전쟁이 일어나자 에너지 가격 상승률이 가장 높아진 나라는 영국이나 독일, 이탈리아, 스페인 같은 유럽의 국가들이었습니다. 스페인은 전기 요금이 340%나 올랐고, 독일의 경우 전기 요금 도매가격이 무려 10배가 넘게 치솟아 오르기도 했습니다. 지금은 에너지 가격 오름세가 다소 진정됐지만, 여전히 러우 전쟁 이전 수준으로 내려가지 않고 있기 때문에 유럽의 에너지 위기는 현재 진행형이라고 할 수 있습니다.

한국은 미국과 유럽 등 주요 선진국들이 모두 탐낼 만큼 막강한 제조업 기반을 갖고 있지만, 아무리 뛰어난 생산 설비를 갖추고 있다 해도 에너지가 없다면 무용지물입니다. 이 때문에 저렴하고 안정적인 에너지 공급이 계속 유지될 수 있도록 정부는 물론 각 기업들이 에너지 수급을 위한 장기적인 계획을 세우고 치밀하게 대처해 나가야 합니다. 이를 위해서는 먼저 에너지를 둘러싼 국제 정세와 글로벌 투자 지형도의 변화를 정확히 이해할 필요가 있습니다.

그동안 세계는 값싼 에너지에 중독되어 있었다고 해도 과언이 아닙니다. 1980년대 중반만 해도 유가가 1배럴에 40달러를 넘어갔던 시절이 있었는데, 2024년 9월 국제 유가가 70달러 정도니까 40여 년 동안 2배도 채 안 오른 셈입니다. 모든 물가가 다 오를 때도 에너지 가격은 정체되어 있다 보니 에너지는 원래 값싸고 얼마든지 구할 수 있는 것이라는 착각에 빠져 있었던 겁니다.

그러다 보니 생수 가격과 석유 가격을 비교할 수 있는 세상이 됐습니다. 편의점에서 500ml 생수 한 병에 약 1,000원가량 하는데, 원유 가격이 1배럴(159리터)에 70달러면 원유 500ml이 고작 290원이라는 뜻이 됩니다. 귀하다는 석유가 편의점에서 파는 생수 반병값도 안 되는 셈입니다. 심지어 러우 전쟁이 시작되기 전에는 국제 유가가 40~50달러 대를 꽤 오랫동안 유지했는데, 이때 원유 가격은 500ml에 190원에 불과했습니다.

그렇다면 이런 값싼 에너지 시대가 언제까지 계속될 수 있을까요? 지금처럼 중동 정세가 요동치고 지구촌 어디에서든 새로운 전쟁이 시작될 수 있는 불안한 상황에서는 에너지 가격 변동에 철저히 대비해 두어야 합니다. 투자의 귀재라 불리는 워런 버핏도 에너지 가격의 불안정성에 미리 대비를 해 두고 있습니다. 워런 버핏은 유가가 쌀 때 석유 관련 주식을 사 두었다가 유가가 급등했을 때 큰 차익을 남기는 것으로 유명합니다. 특히 2002년에 유가가 하락하자 남들이 원유 주식을 다 던질 때 버핏은 원유 관련 주식을 쓸어 담았습니다. 그리고 2008년 유가 급등 이후 주식을 팔아 큰 시세 차익을 누렸습니다. 최근 극심한 유가 변동에도 불구하고 석유 회사 주식을 계속 사 모으고 있는데요. 버핏은 2024년에 보유하고 있던 애플 주식을 절반 넘게 처분하면서도 미국의 대표적인 셰일 기업인 옥시덴탈 페트롤리움의 주식은 꾸준히 매입하고 있습니다. 도대체 왜 이렇게 석유 회사 주식을 많이 샀는지 질문을 해도 버핏은 이렇다 할 명확한 답변 없이 "나를 믿어 주세요. 석유 회사가 악한 기업은 아닙니다. 석유 회사를 소유하는 것에 대해 적어도 양심의 가책은 전혀 느끼지 않고 있습니다"라는 동문서답으로 답변을 회피했습니다. 그렇다면 워런 버핏이 원유 주식에 계속 투자를 하는 이유는 무엇일까요?

첫 번째 가능성은 신재생 에너지로의 전환이 지연될 수 있다는 점입니다. 원래 재생 에너지에 가장 적극적이었던 나라가 유럽 국가들이었습니다. 그런데 유럽 국가들이 갑자기 가난해지니 독일은 전기차 관련 기업들에 대한 보조금도 줄이고 소비자들에게 주는 혜택도 줄였습니다. 그러자 2024년 상반기 전기차BEV 판매가 16.4% 감소했습니다. 그런데 이것이 끝이 아니었습니다. 2024년 8월 한 달 동안 전기차 등록 대수는 전년 동기 대비 69%나 감소했습니다. 같은 시기 유럽 연합 전체 전기차 등록 대수도 44%나 감소했는데, 이는 전기차 보조금이 줄어든 것과 관련이 깊습니다.

아직까지는 보조금 덕분에 전기차 판매가 유지되고 있었는데 유럽 국가들이 경기 불황으로 당장 돈 쓸 데가 많아지니 전기차 보조금이 끊기는 경우가 늘어나고 있습니다. 게다가 물가마저 치솟다 보니 유럽인들도 지금 당장 먹고살기도 힘든데 환경 보호나 지구의 미래를 위해 당장 더 비싼 전기차를 사는 게 맞나 싶은 겁니다. 결국 이런 상황이 바뀌려면 유럽 연합 각국 정부의 전기차 보조금이 부활하거나 전기차 가격이 파격적으로 떨어져야 합니다.

최근 미국에서도 물가 상승률이 둔화됐다는 발표가 나오고 있긴 하지만, 이미 오른 물가가 과거로 돌아가는 것은 아니라는 점이 문제입니다. 이미 2022년부터 시작된 인플레이션으로 미국의 물가가 치솟아 오른 상태에서 2024년에도 물가는 여전히 상승세를 지속하고 있다는 뜻이거든요. 이런 상황에서 바이든이 전기차 의무화를 고집하니, 트럼프가 이 틈을 파고들면서 전기차 의무화 정책을 폐기하겠다고 나선 겁니다. 바이든은 2032년까지 전기차 판매율이 67%를 달성하도록 자동차 업계를 압박해 왔습니다. 트럼프는 이런 조항을 아예 폐기해서 소비자들이 마음껏 선택할 수 있게 하겠다는 겁니다. 결국 트럼프의 공약이 더 인기를 끌었다는 것은 미국에서도 치솟는 물가 때문에 지구의 환경보다 당장 내 생계가 더 중요하다는 것을 의미합니다.

두 번째 이유는 셰일 오일 생산량 증가가 이제 한계에 이르러 전체 원유 공급량이 정체될 가능성이 커졌기 때문입니다. 미국 경제는 셰일 혁명으로 큰 혜택을 보았습니다. 미국의 셰일 오일 덕분에 그동안 국제 유가가 안정되었던 것도 분명한 사실입니다. 그런데 문제는 셰일 오일이 이제 고점을 찍고 내려갈 일만 남았다는 겁니다. 포스트 카본 인스티튜트 연구원 데이비드 휴스와 석유 등 원자재 전문 투자 회사인 괴링 앤 로젠츠바이그Goehring&Rozencwajg는 미국이 이미 셰일 오일 매장량의 절반을 뽑아냈고, 2025년부터는 원유 생산량이 더 이상 증가하지 않을 것이라고 주장했습니다. 그 이유는 러우 전쟁 이후 고유가가 지속되다 보니 셰일 오일 생산업체가 원유 생산량을 최대한 늘렸기 때문입니다. 덕분에 원유 생산량이 크게 늘어나면서 국제 원유 가격이 안정될 수 있었지만, 대신 셰일 오일 생산량 피크가 예상보다 훨씬 빨리 찾아오게 된 것입니다.

그렇다면 신규 유전을 더 많이 탐사하고 더 많이 시추하면 되는 거 아니냐고 생각할 수 있지만 여기에는 문제가 하나 있습니다. 유가가 올라도 주요 석유 회사들이 더 이상 예전만큼 투자하지 않는다는 겁니다. 이와 관련해 파이낸셜 타임스가 흥미로운 기사를 낸 적이 있습니다. 2010년대 초반 유가가 1배럴에 100달러 대로 높아지니 석유 회사들이 너도나도 신규 유전 탐사와 개발에 나서면서 자신들이 번 돈의 2.5배가량을 투자했습니다. 유전 개발에는 통상 5~7년이 걸리고 일단 생산을 시작하면 20~30년 동안 원유를 뽑아낼 수 있는데, 15년 전에 워낙 많은 투자가 집중적으로 이루어졌기 때문에 지금까지 원유 공급에 큰 문제가 없었던 것이죠. 그런데 문제는 2022년부터 2023년까지 유가가 90달러 안팎을 오르내렸는데도 석유 회사들이 번 돈의 50%밖에 재투자하지 않고 있다는 점입니다.

그렇다면 2010년대에는 새로운 유전 개발에 적극적이던 석유 회사들이 왜 지금은 그만큼 투자하지 않는 것일까요? 그 이유는 간단합니다. 세계 각국이 신재생 에너지로 다 바꾸겠다고 나서니 새로운 유전 개발의 리스크가 커진 겁니다. 이제부터 유전을 개발해도 7~8년 뒤에야 원유를 뽑아내기 시작할 텐데, 전부 다 신재생 에너지로 바뀌어 버린 상황이라면 얼마나 큰 리스크입니까? 그러다 보니 새로운 유전 개발에 굉장히 소극적일 수밖에 없습니다. 지금은 유전을 새로 개발하기보다 번 돈을 그대로 현금으로 쌓아 두거나 배당을 크게 늘리고 있는 추세입니다. 심지어 차세대 에너지 전환에 대비하기 위해 석유 회사들이 앞다투어 신재생 에너지 개발에 투자하고 있는 상황입니다.

여기다가 세 번째 문제가 있는데 세계 각국이 군비 증강에 나선 겁니다. 전쟁이 워낙 자주 일어나니까 너도나도 무기생산을 늘리고 있습니다. 무기를 생산할 때도 에너지가 필요하지만 무기는 생산만 하고 끝나는 게 아니라 훈련도 해야 하고 실제로 전쟁에서 사용할 때도 에너지가 필수적입니다. 자동차를 만들 때는 에너지 효율성부터 따지지만 무기는 일단 싸워서 이겨야 하기 때문에 연비는 후순위가 될 수밖에 없습니다. 예를 들어 독일의 레오파드 탱크는 1리터에 0.33km밖에 가지 못하고, 세계 최강으로 불리는 M1 에이브럼스 탱크는 0.22km로 극악의 연비를 자랑하고 있습니다. 전투함이나 전투기 등 모든 전력들은 그야말로 석유 먹는 괴물이나 다름이 없습니다. 이 때문에 지정학적 긴장도가 높아질수록 석유가 더 중요해질 수밖에 없습니다.

네 번째 문제는 바로 AI 혁명입니다. AI 혁명이 지금 속도로 계속 진행된다면 에너지 소비가 폭발적으로 늘어날 가능성이 큽니다. 오픈AI의 아버지 샘 올트먼도 AI 혁명에는 시스템 운영에 필요한 대규모의 전력 공급 투자가 필요하다고 거듭 강조했습니다. 앞으로 AI 혁명의 승패는 누가 더 값싸고 깨끗한 에너지를 더 많이 확보하느냐에 달려 있다고 해도 과언이 아닙니다. 인간은 직관을 통해서 단번에 추론을 할 수 있는 효율적인 뇌를 갖고 있지만, 최근 인기를 끌고 있는 거대언어모델LLM의 경우에는 한 번 추론하는 데 수천억 개에서 수조 개의 패러미터를 살펴봐야 합니다. 최근 패러미터 최적화 기술이 진화하고 있긴 하지만 여전히 인간의 두뇌에 비해서 비효율성을 크기 때문에 엄청난 에너지가 필요합니다.

그러다 보니 앞으로 AI 관련 또는 네트워크나 데이터 센터 관련 에너지의 수요가 폭증할 것이라는 전망이 나오고 있습니다. 국제에너지기구IEA는 AI와 데이터 센터 부문의 전력 소비가 2023년부터 2026년까지 2배로 증가할 것이라고 전망했습니다. 미국의 대표적인 금융 회사인 웰스파고Wells Fargo는 미국의 AI 산업으로 인한 전력 수요가 2023년 3Twh에서 2030년에는 652Twh로 80배 이상 급증할 것으로 내다봤습니다. AI 기반 검색은 기존 검색 엔진에 비해 10배 이상 전력을 사용하기 때문입니다. 지금 AI 기업들은 이상 기후로 전세계가 고통받고 있는 상황에서 에너지를 많이 쓰는 환경 파괴의 주범이라고 비난을 받을까 봐 자사 모델의 에너지 사용량을 쉬쉬하고 있지만, AI가 곧 천문학적인 에너지를 소모하게 될 것이라는 것은 업계 관계자라면 누구나 다 알고 있는 사실입니다.

그런 측면에서 지금 우리나라는 정말 어려운 상황에 처해 있습니다. 당장 값싸고 깨끗한 에너지 공급망을 확보해 놓지 않는다면 AI 혁명에서 도태될 가능성이 크기 때문입니다. 그런데 현재 태양광 관련 예산을 대폭 삭감하는 바람에 태양광 산업 생태계는 크게 위축돼 버렸고, 에너지 기반을 원자력 발전으로 전환하겠다고 선언하고서 3년이 다 되도록 아직 원전 부지조차 선정하지 않고 있습니다. 정부의 계획대로 2037년까지 대형 원전을 가동하려면 아무리 늦어도 2024년까지는 반드시 원전 부지를 선정했어야 하는데 이미 시기를 놓친 겁니다. 지금처럼 세계적으로 에너지 수급이 불안한 상황에서 석유와 천연가스 수입 의존도를 조금이라도 낮추기 위해서는 태양광이든 원전이든 닥치는 대로 건설해도 모자랄 판인데, 이렇게 모든 종류의 발전소 건설에 제동이 걸리면서 앞으로 수년 내 우리나라에 전력 대란이 올 것이 불 보듯 뻔한 상황이 되어 버렸습니다. 대한민국의 미래가 달려 있는 AI 산업을 지켜 내기 위해서라도 하루빨리 실효성 있는 에너지 수급 정책을 마련해야 할 것입니다.

또 다른 문제는 우리나라가 대형 발전소를 대부분 경상도

나 전라도, 강원도 등 수도권에서 멀리 떨어진 곳에 짓고 있다는 것입니다. 이런 상황에서 용인에 대규모 반도체 투자를 하게 되면 수도권까지 더 많은 전기를 끌어와야 하고, 그러려면 대규모의 추가 송전망이 필요합니다. 과거 밀양에 송전탑을 세울 때 얼마나 큰 갈등을 유발했었는지 기억하실 겁니다. 그 당시 송전탑 하나 짓는 데 6년이 넘게 걸렸습니다. 문제는 지금도 송전망이 없어서 가동을 줄이거나 중단한 발전소가 4곳이 넘는다는 겁니다. 이대로 가면 수도권에서 멀리 떨어진 곳에 추가로 지은 발전소는 자칫 무용지물이 될 수도 있는 심각한 위기 상황에 처해 있다 해도 과언이 아닙니다. 지금 당장 송전망을 포함한 종합적인 에너지 수급 계획을 치밀하게 짜서 실행에 들어가지 않는다면 대한민국은 조만간 최악의 에너지 대란을 피하지 못할 것입니다.

AI 패권 전쟁은 이제 곧 에너지 패권 전쟁으로 바뀌게 될 겁니다. 조만간 에너지가 무기가 되는 세상이 도래할 겁니다. 중동 지역 긴장이 전쟁으로 비화되면 에너지 패권 전쟁은 더욱 격화될 가능성이 큽니다. 특히 트럼프 대통령은 미국인들에게 무조건 값싼 에너지를 공급하겠다고 강조해 왔기 때문에, 앞으로 트럼프의 에너지 정책에 따라 세계 에너지 시장은 크게 출렁일 것입니다. 이런 상황에서 안정적인 에너지 확보에 실패한 나라는 도태될 수밖에 없습니다. 대규모 발전소나 송전망을 건설하는 데는 많은 시간이 소요됩니다. 발전소와 송전망 건설에 시간을 지체한다면 향후 수년 안에 우리 경제는 필연적으로 에너지 문제 때문에 발목을 잡히게 될 것입니다. 에너지 패권 전쟁에 대한 한국의 대비가 부디 늦지 않기를 진심으로 바라 봅니다.

TRUMP 2.0 ERA

사상 최대의
국가 채무에 직면하다

●

사상 최고치를 또다시 경신한 우리나라 국가 채무에 대해 이 야기를 해 볼까 합니다. 2023년 국가 채무가 GDP 대비 사상 처음으로 50%를 넘어섰습니다. 다시 말하면 GDP가 늘어나는 속도보다 훨씬 빠른 속도로 국가의 채무가 늘어나고 있다는 건데요. 국가 채무가 이렇게 급증하게 되면 이자 부담 때문에 국가 재정이 악화되고 경제 활력을 떨어뜨리게 됩니다. 게다가 금융 시장에도 적지 않은 충격을 줄 수 있기 때문에 앞으로 잘 지켜봐야 하는 부분입니다.

먼저 나라 빚에 대한 정의부터 짚고 갈까 합니다. 정부는 가장 좁은 의미의 나라 빚인 국가 채무D1가 GDP의 50.4%밖에 안 된다며 아직 건전하다고 주장하지만, 국제 비교에 쓰이는 정부 부채D2는 이미 55%를 넘어섰습니다. 게다가 우리나라는 나라가 부담해야 할 몫을 한전 같은 공기업에 떠넘긴 경우가 많기 때문에 이를 모두 합친 국가 부채D4를 따져봐야 합니다.

한국의 GDP 대비 국가 부채는 이미 130%를 넘어 OECD 평균인 109%보다 훨씬 나쁜 상황이라는 주장도 있습니다. 지금 우리나라의 채무 상황이 얼마나 안 좋은지는 논란의 여지가 있는 문제지만, 분명한 것은 증가 속도가 이례적으로 너무 빠르다는 겁니다. IMF도 한국의 국가 부채가 너무 빠른 속도로 늘어나고 있어서 잘 통제하지 않으면 국가 경제 전체가 위험할 수 있다고 끊임없이 경고하고 있습니다.

사실 팬데믹 기간 동안에는 전 세계 정부가 자국 경제를 살리기 위해 천문학적인 돈을 풀었고, 그 결과 재정 적자 폭이 커지면서 대부분의 국가에서 나라 빚이 급증하는 현상이 일어났습니다. 그러나 팬데믹 이후에는 재정 적자 폭을 줄이고 있는 추세인데, 한국의 가장 큰 문제는 재정 적자 폭이 팬데믹 때와 비교해 거의 줄어들지 않았다는 점입니다. 팬데믹 당시 GDP 대비 재정 적자를 보면 2020년 미국은 무려 -15.3%, 영국은 -12.8%를 기록했습니다. 한국은 -5.8%로 상대적으로 적자 폭이 작았는데, 아래 표에서 보는 것처럼

2022년 이후에는 세 나라의 적자 폭이 큰 차이가 나지 않습니다. 더구나 한국의 재정 적자 폭이 -3.9%에 그쳤던 것은 우리 정부가 세수 결손을 외평기금으로 메우는 편법을 사용했기 때문에 나타난 착시 현상에 불과합니다.

2020년 이후 각국의 GDP 대비 재정 적자

	2020년	2021년	2022년	2023년
한국	-5.8%	-4.4%	-5.2%	-3.9%
미국	-15.3%	-12.4%	-5.4%	-6.3%
영국	-12.8%	-8.1%	-5.3%	-4.2%

출처: OECD, 한국은 관리재정수지

물론 재정 적자가 언제나 나쁜 것만은 아닙니다. 경기 불황이나 금융 위기가 닥쳤을 때는 재정 적자를 감수하고서라도 재정 지출을 늘려 경제를 살려야 할 때가 있습니다. 재정 적자로 푼 돈으로 눈앞의 경제 위기를 넘겨 경제 성장률이 회복된다면 정부가 위기 때 진 빚을 갚고도 남을 만큼 세수가 다시 늘어나기 때문입니다. 이런 경우에는 재정 적자가 큰 문제가 아니지만 만약 정부가 천문학적인 빚을 졌는데도 경제가 살아나지 않아 그 빚을 갚을 수 없게 된다면, 재정 적자는 기성세대가 청년 세대에게 고통을 떠넘기고 지금 당장 자신들만 풍요를 누리려고 하는 것과 다름이 없습니다.

대표적인 사례가 지난 30여 년 동안 누적된 일본의 재정 적자입니다. 일본 정부가 천문학적인 재정 적자를 기록하며 아무리 돈을 쏟아부어도 경기는 쉽게 회복되지 않았고, 이로 인해 국가 부채는 눈덩이처럼 불어났습니다. 그런데 미래 인구가 줄어들면서 돈을 갚을 세대도 줄어들고 이들의 소득마저 줄어 들었기 때문에 결국 일본의 국가 부채는 사실상 영원히 갚을 수 없는 돈이 되어 버렸습니다. 그 결과 일본은 여전히 저성장의 늪에서 헤어나지 못하고 있는데, 이 과정에서 일본은 전 세계에서 국가 부채가 가장 많은 나라로 전락했습니다. 그나마 일본의 엔화는 국제 통화이기 때문에 나라 빚이 늘어도 어느 정도까지는 견딜 수 있는 힘이 있지만 한국처럼 국제 통화가 아닌 경우에 국가 부채가 급증하면 곧바로 나라에 큰 문제를 일으킬 수 있습니다.

그래서 이번 한국의 재정 적자는 매우 심각한 문제라고 봅니다. 지금은 코로나 시기도 아니고 국가의 위기 상황도 아닙니다. 아직까지 경제에 큰 문제가 없는 상황에서 이렇게 엄청난 재정 적자를 봤다는 것은 결국 인구 수가 많은 베이비붐 세대가 빚을 내서 흥청망청 쓰고 나서 청구서를 미래에 청년

세대에게 떠넘기겠다는 얘기입니다. 한국의 인구 구조를 볼 때 지금 한국의 재정 적자는 기성세대 두 명이 쓴 빚을 나중에 청년 한 명이 갚아야 하는 꼴이기 때문에, 곧 청년 세대의 미래를 위협하는 악성 부채가 될 수 있습니다.

재정 적자의 또 다른 문제는 연준이 고금리를 장기간 지속한 여파로 다양한 부작용이 금융 시장 곳곳에서 나타나고 있다는 점입니다. 2024년 9월부터 연준이 기준 금리를 인하하기 시작했지만 2022년 3월부터 2년 반이나 지속된 고금리의 부작용이 여전히 세계 경제를 압박하고 있습니다. 특히 연준이 기준 금리를 낮춰도 그만큼 장기 금리가 내려가지 않는 현상이 나타나고 있는데요, 인플레이션 위협이 끝났다는 확신이 아직 없는 데다가 향후 미국 재정 적자로 인한 국채 공급 증가 우려로 기준 금리를 인하해도 장기 금리가 내려가지 않는 현상, 즉 베어 스티프닝Bear steepening 현상이 일어날 가능성이 커진 겁니다.

이런 상황에서 우리나라는 거듭된 세수 펑크로 재정 적자 규모가 줄어들지 않고 있습니다. 지금처럼 시장 금리가 쉽게 내려가지 않는다면 우리 정부는 과거 저금리 시대와 달리 높은 금리로 국채를 발행해야 합니다. 그러면 결국 이자 부담은 국민들, 특히 지금의 청년과 미래 세대에게 돌아갑니다. 결국 경제를 살리지 못하는 지금의 악성 재정 적자는 나중에 이자를 갚아야 할 청년 세대에게 큰 부담을 주게 되고 우리 경제의 미래까지 위협할 수 있습니다. 이런 악성 재정 적자를 막기 위해 정치권이 당장의 인기에만 영합해 과도한 감세나 불필요한 재정 지출을 하려는 것을 막아야 합니다.

일본은 지난 30년 동안 천문학적인 국가 재정을 풀고도 경제가 살아나지 않아 빚이 눈덩이처럼 커졌습니다. 재정 적자를 감수하고라도 재정 지출을 늘려 경제를 살리는 정책은 일시적인 불황이나 경기 침체에는 도움이 될 수도 있지만, 장기 불황에는 오히려 독이 될 수 있습니다. 재정 적자를 보면서 돈을 뿌렸을 때는 언젠가 경제가 되살아나 이를 갚고도 남아야만 경제 효과를 볼 수 있기 때문입니다. 지금처럼 인구 구조 자체가 붕괴되어 장기 불황으로 가는 상황에서 천문학적인 재정 적자를 계속 누적하게 되면 나중에 인구가 반 토막난 후세대가 돈을 갚아야 하기 때문에 지금의 국가 부채는 대한민국에 더 큰 위협이 되어 돌아올 수 있다는 점을 명심해야 합니다.

트럼프 2.0 시대

글로벌 대격변이 시작된다

TRUMP 2.0 ERA

집값 상승이
우리에게 미치는 영향

●

최근에 우리나라 집값이 움직이는 모습은 정말로 특이합니다. 한국부동산원이 발표한 서울 부동산 가격을 보면 2024년 8월 아파트 가격은 불과 한 달 전인 7월보다 1.27% 올라 2018년 9월 이후 71개월 만에 가장 큰 폭의 상승세를 보였습니다. 같은 시기 수도권을 제외한 지방 아파트 가격은 0.07% 하락했지만, 서울과 경기도 집값이 워낙 빠르게 뛰어오르다 보니 전국 평균 아파트 가격은 전달보다 0.33% 오른 것으로 나타났습니다. 지금 대한민국의 집값은 극단적인 양극화가 시작됐다 해도 과언이 아닌데, 마치 기시다 정권 시절 일본 정부가 쏟아 낸 부동산 부양책으로 도쿄도 23구 집값만 폭등한 것과 비슷한 양상이 한국에서도 펼쳐지고 있습니다.

사실 2022년부터 2023년 상반기까지 미국 연준과 한국 은행이 기준 금리를 대폭 인상하면서 우리나라 집값이 큰 폭의 조정을 받을 상황에 놓여 있었습니다. 그런데 정부가 끊임없이 부동산 부양책과 규제 완화, 특례 대출 지원책 등을 내놓은 탓에 추락하던 집값이 갑자기 반전하기 시작했습니다. 그동안 정부는 집값을 올리기 위해 정말 눈물겨운 노력을 해왔습니다. 우선 분양권 전매 제한을 크게 완화하고 중도금 대출 제한도 모두 폐지했을 뿐만 아니라, 1주택 청약 당첨자 기존 주택 처분 의무도 폐지했습니다. 이게 다가 아닙니다. 주택담보대출 제한도 풀어서 다주택자도 얼마든지 돈을 빌려서 집을 살 수 있도록 하는 등 온갖 규제를 폐지했습니다.

정부가 현재 어느 정도로 부동산에 진심인지를 보여 주는 대표적인 장면은 따로 있습니다. 정부가 국가 비상사태를 선언하고 출생률을 높이기 위한 대책이라며 최저 연 1%대 신생아특례대출을 출시한 겁니다. 소득 기준도 역대급인 2억 5000만 원으로 대폭 완화했습니다. 정부가 저출생 대책이라며 부동산 부양책을 슬쩍 끼워 넣은 것입니다. 사실 정부는 이미 각종 특례 대출 제도를 통해 집값을 끌어올리는 방식으로 이미 큰 효과를 본 적이 있습니다. 대표적으로 2023년에 특례보금자리대출로 수십조 원을 시장에 풀어서 급락하던 집값이 상승으로 돌아선 적이 있는데, 2023년 상반기 주택매매 거래 대금 85조 원 중에서 30%가 특례보금자리대출을 통해 이뤄졌을 정도입니다. 이 정책이 도입된 이후 아파트 매매 건수가 2배로 증가했는데 여기에 만족하지 못했는지 2024년에는 신생아특례대출까지 내놓은 겁니다.

부동산 가격을 올리는 데는 정부와 여당만 애를 쓴 것이 아닙니다. 야당 의원 중에서도 집값 상승에 힘을 보탠 경우가 있습니다. 2024년 총선에서 야당이 압승하자 부동산 시장이 바짝 긴장했습니다. 그래도 집값을 잡겠다던 야당이니 총선에 승리한 만큼 입법권을 활용해 강력한 부동산 규제 정책을 내놓을 수도 있겠다는 우려가 있었던 겁니다. 그런데 총선에서 승리하자마자 야당의 내로라하는 대표 주자들이 종부세 완화 발언을 시작하자, 부동산 시장에서는 정부와 여당은 물론 야당조차도 집값을 잡을 생각이 없다는 확신이 생기기 시작했습니다. 이런 정치권의 행동이 어떤 결과를 가져왔을까요?

이제 시장에서는 정치권이 외면한 주식 시장보다 여야가 한마음으로 지원하는 부동산 시장에 투자하는 게 낫겠다는 생각이 확산됐습니다. 사실 부동산 가격이 오르는 것과 주가가 오르는 것은 매우 다릅니다. 부동산값은 아무리 올라도 대한민국 생산성이 올라가거나 혁신 기업이 등장하는 데 아무런 도움이 되지 않지만, 증시가 활성화되면 엔젤 투자자들이 언제든 현금화Exit를 할 수 있기 때문에 혁신적인 스타트업이 자금을 조달하기가 훨씬 쉬워집니다. 또한 인수 합병이 활성화되어 경제의 효율성이 크게 향상될 수 있습니다. 그럼에도 불구하고 우리나라 역대 정부는 대부분 증시는 거들떠보지도 않고 늘 부동산에만 진심이었습니다. 지금까지는 고성장 시대여서 큰 문제가 없었지만 앞으로 다가올 저성장 시대에도 부동산에만 매달리면 한국 경제의 앞날은 어두울 수밖에 없습니다. 게다가 정치권이 계속 부동산 부양에만 열심이었던 탓에 성실하게 일해서 근로 소득이나 사업 소득을 창출한 사람들보다 부동산을 보유한 사람들이 훨씬 더 유리한 시장 환경이 조성됐습니다.

이 때문에 모두가 돈만 생기면 부동산에 올인하기 시작했고 빚을 낼 수 있는 최대 한도로 돈을 빌려 부동산에 돈을 쏟아붓기 시작했습니다. 이런 현상은 결국 대한민국의 내수 시장을 얼어붙게 만들었고, 여기에 물가까지 치솟는 바람에 상황이 점점 더 심각해지고 있습니다. 2022년 이후 우리나라 물가는 계속 뛰어올랐는데 문제는 소득이 함께 오르지 않는 바람에 가계의 실질 소득이 감소하는 현상이 일어났습니다.

2024년 1분기 실질 소득은 전년 대비 1.6%나 감소했는데, 1분기 기준으로는 18년 만에 최대 폭으로 감소한 겁니다. 이렇게 소득이 줄어드니 당연히 사람들은 허리띠를 졸라맬 수밖에 없게 된 겁니다.

소비를 안 한다고 가계가 저축을 하는 것도 아닙니다. 가계가 한 달 동안 쓰고 남은 돈을 가계 흑자액이라고 하는데, 2024년 2분기 가계 흑자액은 8분기 연속 감소세를 보이면서 월평균 100만 9000원에 그쳤습니다. 가계 흑자액이 최고치를 기록했던 2022년 3분기보다 12.1%나 줄어든 수치입니다. 너도나도 부동산 투자에 열을 올리다 보니 막대한 빚을 지게 됐고, 이자 부담 때문에 가계 흑자액이 큰 폭으로 감소하게 된 겁니다. 더 큰 문제는 우리나라 2024년 2분기 적자 가구 비중이 무려 23.9%를 기록하여 3년 만에 최대치를 기록했다는 점입니다. 이제 네 가구 중 하나는 번 돈을 모두 써도 감당이 안 되는 적자 가구가 되었습니다.

이렇게 이야기하면 부동산으로 돈을 버는 게 나쁜 거냐고 반문하는 분들도 계실 겁니다. 물론 개개인이 부동산으로 돈을 버는 것을 절대 폄하해서는 안 됩니다. 부동산으로 돈을 벌려면 끊임없이 공부해야 하고 여러가지 위험도 감수해야 하므로 부동산으로 돈 버는 것을 불로 소득이라고 생각해서는 안 됩니다. 하지만 정부는 다릅니다. 정부는 대한민국의 지속 가능한 성장을 위해 나라의 자금이 적절히 배분되도록 효율적인 시장 구조를 만들 의무가 있습니다. 지금처럼 대부분의 경제 주체들이 부동산으로만 돈을 버는 경제 구조가 지속되면 혁신은 사라지고 성장 동력도 약화될 수밖에 없습니다. 게다가 부동산에 전 재산이 묶인 사람들이 늘어나면 가계의 여윳돈이 사라져 내수 시장도 지속적으로 위축될 수밖에 없습니다.

그런데 여기서 한 가지 더 짚고 넘어갈 게 있습니다. 미국 연준이 2024년 9월까지 금리를 내리지 못하고 전전긍긍했던 이유는 바로 미국의 치솟아 오르는 집값 때문이었는데요. 다른 물가는 거의 다 잡았는데 집값이 크게 올라 물가 지표가 높게 나오는 바람에 금리 인하를 시작할 수가 없었습니다. 그런데 한국은 2024년 하반기까지도 집값이 가파르게 오르고 있는데 물가 상승률은 1%대로 떨어졌습니다. 도대체 어떻게 된 걸까요? 우리나라 물가 지표에서 집값이 차지하는 비중이 너무 작기 때문입니다. 한국 물가 지표에서 집값은 아예 제외되어 있습니다. 우리 삶에서 집값이 가장 큰 영향을 미치는데 물가 지표에서 아예 제외시켰다니 정말 이해가 가지 않는 대목입니다. 그나마 전세와 월세 가격은 물가에 포함되기는 하지만 물가 지표에서 차지하는 비중이 고작 9.8%에 불과합니다. 그럼 다른 나라들은 어떻게 하는지 살펴봐야겠죠. 미국은 물가 비중에서 집값이 차지하는 비중이 32%나 됩니다. 영국도 부동산 비중이 26%나 됩니다. 그러니까 집값이 오르면 물가가 오르는 것으로 통계가 잡히기 때문에 집값이 잡히지 않으면 금리를 인하하기가 어려운 것입니다.

문제는 정부의 인위적인 부양책으로 끌어올린 집값이 과연 언제까지 버텨 줄 것인가입니다. 한국 부동산의 최대 약점은 인구 구조에 있다고 해도 과언이 아닙니다. 우리나라는 1964년생부터 1974년생까지를 2차 베이비부머라고 하는데, 이때 태어난 사람이 한국 전체 인구의 5분의 1인 954만 명이나 됩니다. 이들이 2025년부터 본격적인 은퇴에 들어가게 되는데, 2차 베이비부머의 은퇴가 본격화되면 그다음 인구 집단은 규모가 훨씬 작기 때문에 더 이상 부동산 시장을 떠받칠 세대가 없습니다.

2차 베이비부머의 은퇴가 얼마나 큰 영향을 주는지를 확연하게 보여 주는 것이 바로 국민연금 보험료 수지입니다. 국민연금을 개혁하지 않으면 2027년부터 보험료 수지가 적자로 전환됩니다. 즉 가입자들이 납부하는 보험료보다 연금 수급자들에게 지급해야 할 금액이 더 커진다는 뜻입니다. 그동안 쌓인 기금 운용 수익이 있어서 아직 적자는 아니지만, 당장 2027년부터는 국민연금이 보유하고 있는 자산을 팔기 시작해야 합니다. 갑자기 정부가 보험료를 더 내는 국민연금 개혁안을 서두르는 이유도 당장 국민연금 자산 매각이라는 급한 불을 끄기 위해서라고 할 수 있습니다. 결국 2027년이 되면 대한민국 경제의 중심이 은퇴자로 바뀐다는 뜻이고, 대한민국의 경제 활력이 본격적으로 약화되기 시작한다는 뜻입니다.

이렇게 시급한 상황에서 대한민국이 갖고 있는 마지막 여력을 부동산으로 몰아넣는 정책을 계속 고집한다면 집값은 억지로라도 끌어올릴 수 있을지 모릅니다. 하지만 인위적인 집값 상승의 대가로 한국의 저출생 문제는 더욱 악화되고, 한국 가계의 소비 여력 역시 최악으로 치닫게 될 겁니다. 여기에 2025년부터는 트럼프 대통령 취임이라는 새로운 변수가 생겼는데요. 트럼프 2.0 시대의 정책들이 미국의 재정 적자를 악화시키고 인플레이션의 부활을 불러일으킨다면 연준이 아무리 기준 금리를 내려도 장기 시장 금리가 올라서 빚으로 억지로 부풀린 한국의 집값은 자칫 한국 경제를 위협하는 치명적인 독이 될 수도 있습니다.

트럼프 2.0 시대

글로벌 대격변이 시작된다

TRUMP 2.0 ERA

그냥 쉬는
청년들

●

2024년 9월 통계청이 발표한 자료에 따르면 일하지 않고 쉬고 있는 15세에서 29세 사이의 청년들이 무려 46만 명이나 되는 것으로 나타났습니다. 2023년 6월까지만 해도 39만 명에 머물렀는데 2024년 6월에는 43만 명, 8월에는 46만 명으로 급격하게 늘어나고 있습니다. 이 통계를 처음으로 낸 시기가 2003년 1월입니다. 이때만 해도 일하지 않고 쉬었던 청년들은 20만 5000명에 불과했습니다. 그런데 21년 전과 비교해 보면 청년 인구는 반 토막이 났는데 쉬는 청년들은 2배가 넘게 늘어났습니다.

그냥 쉬는 청년들이 급증한 이유는 도대체 무엇일까요? 정부 측의 설명은 이렇습니다. 대기업들조차 공개 채용 대신 경력직 수시 채용을 더 선호한다는 것입니다. 그런데 아직 취업을 해 보지도 못한 청년들이 경력이 있을 리 없으니 채용 환경이 더욱 열악해진 상황입니다. 청년들이 원하는 직장은 안정된 기업의 정규직인데, 일자리를 제공하던 기업들이 청년들을 잘 뽑으려고 하지 않기 때문에 직장을 찾기가 더 어려워졌습니다. 실제로 통계청의 2023년 11월 설문 조사를 보면 왜 쉬고 있느냐는 질문에 원하는 일자리를 찾기 어려워서라고 답한 청년들이 32.5%로 나타났습니다.

정규직과 1년 이상의 계약직 근로자를 모두 합친 일자리를 상용직 일자리라고 부릅니다. 최근 청년층 상용직 고용이 10년 만에 최대 폭으로 감소했습니다. 통계청 고용 동향 조사를 보면 2024년 6월 청년층 상용직 근로자가 전년 대비 19만 명이나 급감했습니다. 팬데믹 시기에도 청년 고용이 크게 줄어들었는데, 그때는 10만 6000명이 줄었습니다. 그런데 같은 기간 대한민국 전체 상용직 근로자는 7만 5000명이 증가했습니다. 즉 전체로 보면 상용직 고용이 늘어났는데 청년 고용만 급격하게 감소한 겁니다.

청년들이 정규직 일자리를 구하지 못해 어려움을 겪고 있다고 하면 눈높이를 낮춰서 계약직이나 일용직으로 일을 시작하면 된다고 생각하는 분들이 분명 계실 겁니다. 하지만 청년들이 비정규직 직장을 택할 수 없는 이유가 있습니다. 정규직과 비정규직의 임금을 보면, 6년 연속으로 격차가 확대되어 왔기 때문입니다. 2017년에 128만 원이었던 격차가 지금은 166만 원까지 벌어졌습니다. 그렇다면 임금이 좀 낮아도 일단 비정규직으로 경력을 쌓은 다음 정규직으로 옮기면 될까요? 이렇게 쉽게 말할 수 없는 이유가 또 있습니다.

대한민국에서 첫 직장을 일단 비정규직으로 시작하면 사실 좀처럼 벗어나기가 어렵습니다. 현실이 그렇습니다. 비정규직으로 첫 직장을 시작하면 계속 비정규직으로 남아 있을 확률이 63%나 됩니다. 그러면 나머지 37%는 정규직이 되는 것이냐 하면 또 그렇지가 않습니다. 아예 미취업자로 추락하는 경우가 20%가 넘습니다. 여기다가 자영업자 또는 무급자가 되는 경우가 4%입니다. 비정규직으로 시작해 정규직이 되는 경우는 불과 12.8%밖에 되지 않습니다. 현실이 이런데도 청년들에게 일단 비정규직으로 일부터 시작하라고 떠밀기는 쉽지 않습니다.

그렇다면 왜 청년들의 상용직 일자리만 이렇게 급격하게 줄어드는 걸까요? 가장 큰 이유는 우리나라의 해외 투자가 급격하게 늘어났기 때문입니다. 우리나라 대기업들이 우리나라보다 해외 투자를 늘리고 있는데, 특히 미국에 투자하는 경우가 굉장히 빠르게 늘어나고 있습니다. 직접 투자 비중이 높은 업종을 살펴보면 배터리, 메모리 반도체, 제철, 완제 의약품, 승용차 순입니다. 모두 우리 청년들이 가장 입사하고 싶어하는 직장입니다. 미국의 비영리 단체 리쇼어링 이니셔티브는 2023년 상반기 해외 기업 직접 투자로 미국에 창출된 일자리 중에 17%가 한국으로 1위를 차지했고, 영국이 15%, 독일 11%, 중국과 일본이 9% 순이었습니다. 우리 대기업들이 한국보다 미국에 더 많은 일자리를 만들고 있는 격입니다. 이렇게 해외 투자가 늘어나도 이미 정규직 일자리를 차지하고 있는 기성세대에게는 당장의 큰 타격이 없습니다. 우리 땅에 새로운 공장을 더 이상 안 짓는 것이지, 기존에 있던 공장을 해체하는 게 아니거든요. 그러다 보니 기성세대의 정규직 일자리는 그대로 남아 있는데 청년들의 신규 채용은 급격히 감소할 수밖에 없습니다. 이렇게 심각한 상황이라면 당연히 우리 기업들이 우리나라에 더 많이 투자하도록 유도하는 정부의 획기적인 정책 전환이 있어야 하지만 아직까지 별다른 대책을 내놓지 않고 있습니다.

우리나라 기업들이 미국으로 빠져나가는 게 노조 때문이라고 말씀하시는 분들이 꽤 많습니다. 그러나 노조 때문에 미국으로 옮긴다고 하기에는 미국의 노조가 굉장히 강력합니다. 2023년 미국의 전미 자동차 노조가 대규모 파업을 했는데, 그 결과 GM과 포드 등 미국의 자동차 기업들이 이후 4년에 걸쳐 최고 연봉자의 경우 33%, 신입 사원의 경우 최고 70%까지 임금을 인상하는 노조의 요구를 받아들였습니다. 또한 앞서 1부에서 설명드린 것처럼 애리조나 노조는 TSMC 본사 직원들의 비자 발급을 막을 만큼 막강합니다. 여러 가지 근거로 미루어 볼 때 한국은 노조가 강하고 미국은 노조가 약해서 우리 기업이 미국에 투자한다라고 보기는 어렵습니다.

그렇다면 우리 기업들이 우리나라가 아닌 미국에 투자하는 현실적인 이유는 무엇일까요? 가장 중요한 이유 중 하나는 미국에 비해 한국 정부의 국내 투자 유인책이 너무나도 미약하다는 겁니다. 더 황당한 것은 정부가 우리 기업의 해외 투자를 대통령의 해외 순방 성과로 둔갑시키는 경우까지 있었다는 점입니다. "대통령의 미국 방문 성과로 미국에 새롭게 10조 원을 투자하기로 결정했습니다"라는 보도가 아마도 낯설지 않으실 겁니다. 이런 나라에서 국내 투자 유인책을 만들 이유가 전혀 없습니다. 미국 투자를 많이 할수록 그것이 대통령의 업적이라고 평가하는 나라에서 정부가 굳이 미국 투자 대신 국내 투자를 유도하는 정책을 내놓을 이유가 없기 때문입니다.

　이것만이 문제가 아닙니다. 현재 우리나라 내수 시장이 너무나도 빠르게 위축되고 있습니다. 우리나라 평균 가구는 전체 순자산의 87%를 부동산으로 보유하고 있습니다. 그런데 은퇴 세대는 이 비율이 훨씬 높아서 전체 순자산의 90% 가까이를 부동산으로 갖고 있습니다. 그러다 보니 은퇴한 세대는 현금 흐름이 거의 없습니다. 자산은 많은데 몽땅 부동산으로 환전해 놓은 셈이기 때문에 은퇴 후에 쓸 돈이 없습니다. 게다가 청년 세대 숫자는 워낙 적어진 데다가 기성세대만큼 좋은 직장에 다니지 못하고 있으니, 기성세대만큼 소비를 하지 못합니다. 은퇴 세대는 은퇴 세대대로 부동산에 묶여 돈을 못 쓰고, 청년 세대는 소득 자체도 적고 미래가 워낙 불안하다 보니 돈을 쓸 여력도 없습니다. 이렇게 내수 시장이 위축되다 보니 우리나라 기업들은 성장하는 시장을 찾아서 해외로 빠져나가는 악순환이 반복되고 있습니다.

　이런 다양한 이유 때문에 우리나라 기업들이 한국이 아닌 미국이나 해외에 투자하는 경우가 점점 더 늘어나고 있는 상황입니다. 계속해서 국내에 신규 공장이 들어서지 않으면 청년 세대 상용직 채용은 계속 줄어들 수밖에 없고, 그 결과 직장을 찾지 못하는 청년 세대가 아예 구직 활동 자체를 포기하는 경우도 더욱 늘어나게 될 것입니다. 이는 청년들만이 아니라 대한민국 경제 전체에도 치명적인 악영향을 줄 수밖에 없습니다. 한창 경력을 쌓아야 할 나이의 청년들이 구직을 포기하게 되면 생산성을 높일 기회가 사라지게 되고, 결국 대한민국 전체의 생산성이 악화될 것입니다. 청년들의 숫자도 줄어들고 있는데 핵심 인력의 생산성마저 하락한다면 우리나라의 미래는 더욱 어두울 수밖에 없습니다. 더 심각한 문제는 청년 실업 문제가 심각한 저출산 문제로까지 그대로 이어진다는 사실입니다.

2024년 9월 우리나라 실업률은 2.4%밖에 되지 않는 것으로 나오는데, 이는 2024년 기준으로 싱가포르에 이어 세계에서 두 번째로 낮은 실업률입니다. 일본은 2.5%이고, 영국과 독일은 각각 4.1%와 6%로 우리보다 실업률이 훨씬 높습니다. 그런데 이상한 점이 있습니다. 생산 가능 인구 중 취업자 수를 나타내는 고용률은 한국이 고작 69.2%로, OECD 평균인 70.1%보다도 낮다는 점입니다. 우리보다 실업률이 높은 일본은 고용률이 78.9%, 독일은 77.4%, 영국은 74.8%입니다.

그냥 쉬는 청년들은 구직 활동을 하지 않기 때문에 애초부터 실업자로 집계되지 않아 실업률 통계에서 빠지게 됩니다. 그래서 아예 구직 자체를 포기한 사람들이 늘어나면 실업률이 낮은 것으로 착각하게 되는 통계적 착시 현상이 일어나는 것이죠. 이런 왜곡된 실업률 통계 때문에 '그냥 쉬는 청년들'의 심각한 문제를 해결할 정부의 의지가 약화된 측면이 있습니다. 그러나 쉬는 청년들이 계속 늘어나는 현상을 막지 못한다면 앞으로 대한민국의 성장 동력이 약화되는 것도 막지 못할 겁니다. 지금이라도 정부가 적극적으로 개입해서 해외로 나간 우리 기업들을 불러들이고 청년에 대한 본격적인 투자에 나서야만 한국 경제의 미래를 바꿀 수 있습니다.

트럼프 2.0 시대

글로벌 대격변이 시작된다

TRUMP 2.0 ERA

대한민국
부활의 길은?

●

2024년 2분기 우리나라 경제 성장률은 -0.2%로 역성장을 했습니다. 특히 설비 투자와 건설 투자가 각각 -2.1%와 -1.1%를 기록했고, 소비도 -0.2%로 감소하여 쪼그라들고 있는 한국 내수 시장의 현주소를 여실히 보여 줬습니다. 심지어 순수출마저 마이너스를 기록했는데 이 와중에 성장을 지탱한 것은 정부 소비가 0.7%를 기록한 것이었습니다. 민간 부문은 다 무너졌는데 정부가 재정을 쏟아부어 간신히 최악의 상황을 면한 겁니다. 그런데 정부 지출은 공짜가 아닙니다. 덕분에 세수 펑크가 역대 최대 수준입니다. 결국 정부가 빚을 내서 간신히 성장률 급락을 막은 것입니다. 그러나 안타깝게도 앞으로 우리에게 닥칠 미래 또한 결코 녹록하지 않습니다. 한국은

행은 한국의 인구 구조와 생산성이 현재 수준을 유지한다면 2040년 이후에는 마이너스 성장이 고착화될 것으로 내다봤습니다. 사정이 이렇다 보니 '피크 아웃peak out 코리아' 즉 한국 경제가 정점을 찍고 내리막길로 들어설 수 있다는 우려의 목소리가 커지고 있습니다.

만일 한국이 지금처럼 아무것도 하지 않는다면 피크 아웃 코리아는 이미 정해진 길이나 다름이 없습니다. 특히 한국의 기록적인 인구 감소는 전 인류 역사에서도 유례를 찾아보기 어려운 수준입니다. 중세 유럽에 흑사병이 돌았을 때 200년 만에 원래 인구 수준을 회복했지만, 한국은 언젠가 인구가 다시 회복될 것이라는 희망조차 갖기 어렵습니다. 지금까지 합계 출산율이 급격하게 감소한 나라는 대부분 성장이 아예 멈추거나 마이너스 성장으로 돌아섰습니다. 현재 한국의 저조한 합계 출산율은 너무나 심각하기 때문에 한국 경제에 얼마나 큰 타격을 줄지 가늠하기조차 어렵습니다.

이 같은 몰락을 막기 위해서는 무엇부터 해야 할까요? 물론 합계 출산율을 다시 높이는 게 근본적인 해결책이지만 이것은 시간을 갖고 장기적으로 추진해야 하는 일입니다. 당장 시급한 것은 급격히 무너져 가는 혁신 생태계를 복원하는 것입니다. 특히 우리나라의 미래 먹거리인 반도체와 AI, 바이오,

로보틱스 등 핵심 전략 산업을 선정하고, 이렇게 선정된 산업에 국가 R&D 예산을 대폭 늘려서 첨단 산업 생태계 조성에 우리나라의 남아 있는 마지막 자원을 아낌없이 쏟아부어야 합니다. 특히 청년 자원이 급격하게 감소하고 있는 만큼 이렇게 줄어든 청년들을 단 한 명도 낭비하지 않는 대대적인 교육 혁신이 절실하게 필요합니다. 청년들이 각자 자신의 능력을 100% 발휘해 첨단 산업을 선도해 나갈 창의적 인재로 발돋움할 수 있다면 합계 출산율 감소를 어느 정도 상쇄할 수 있습니다. 더구나 청년들이 자신의 역량을 마음껏 발휘할 수 있는 혁신 생태계만 조성된다면 청년들의 소득이 회복되어 출산율도 다시 반등할 수 있게 될 겁니다.

이렇게 말씀드리면 너무 추상적이라고 생각하실 수 있을 겁니다. 그래서 한 가지 구체적인 예를 들어 보겠습니다. 우리 모두가 AI 산업이 중요하다는 건 너무나 잘 알고 있지만 AI 혁명에서 우리는 완전히 뒤쳐진 상황입니다. 우리나라 개별 기업들의 AI 투자는 사실 미국 빅테크 기업들에 비하면 눈에 보이지도 않을 정도로 미약합니다. 더구나 국내 10여 개 기업들이 각자 AI를 해보겠다며 중복 투자를 하고 있습니다. AI에 투자하겠다는 한국 기업들이 모두 뭉쳐서 효율적인 투자를 계획한다 해도 미국의 빅테크 기업 하나를 상대하기도 벅

찬데, 한국 기업들이 각자 소규모 중복 투자까지 한다면 우리나라는 AI 혁명에서 완전히 도태되고 말 것입니다.

AI 모델 개발에 필요한 컴퓨팅 파워를 구축하는 데는 정말 많은 돈이 들어가는데, 미국의 대표적인 AI 회사인 오픈AI도 파트너사인 마이크로소프트에 컴퓨팅 파워를 의존하고 있습니다. 게다가 마이크로소프트가 데이터 센터 비용을 시세보다 3분의 1 가격으로 제공해 주고 있기 때문에 오픈AI가 경쟁력을 유지하며 계속 새로운 버전의 AI 모델을 발표할 수 있는 겁니다. 2024년 9월을 기준으로 마이크로소프트의 시가 총액은 4,200조 원으로 한국의 코스피 전체 시가 총액인 2,400조 원의 거의 두 배에 가까운 수준입니다. 이런 기업이 뒤를 봐주니 우리나라 기업들은 도저히 상대가 될 수 없습니다. 이런 불리한 상황에서 심지어 한 발 뒤쳐진 한국 기업이 미국의 AI 혁명을 뒤따라가는 것조차 쉬운 일이 아닙니다.

이를 해결하기 위해서는 반도체 산업을 처음 육성했을 당시의 지혜를 다시 되살릴 필요가 있습니다. 1982년 당시 반도체 불모지였던 한국은 반도체 육성 장기 계획을 발표했습니다. 그리고 국책 연구소인 한국전자통신연구원ETRI의 주도로 삼성전자와 금성사(현 LG전자), 현대전자(현 SK하이닉스), 아남산업 등 관련 기업을 총 망라한 산업계와 서울 대학교 등 여러 연구 기관이 참여해 반도체를 함께 개발했고, 그 덕분에 한국이 반도체 강국으로 우뚝 설 수 있었습니다. 지금이야말로 반도체 산업에 뒤늦게 뛰어들었던 1982년처럼 모든 산업계와 학계, 그리고 정부 기구를 망라한 강력한 협력 시스템과 AI 생태계 조성이 필요합니다. 이를 통해 공유가 가능한 AI 기반 기술을 선정하고 공동개발해 AI 연구 개발이 과도하게 분산되어 파편화되는 것을 막아야 합니다. 이를 위해 당장 중요한 것은 국가 AI 컴퓨팅 센터를 지금 계획보다 훨씬 강화하고, 이 시스템을 효율적으로 활용할 수 있는 합리적인 제도를 정비해 두어야 합니다.

중요한 것은 데이터 전쟁에서 승리해야 한다는 겁니다. 지금까지 AI 전쟁은 컴퓨팅 파워와 알고리즘의 싸움이었다고 해도 과언이 아닙니다. 그러나 시간이 갈수록 데이터의 중요성이 더욱 커질 겁니다. 그래서 앞으로 시작될 데이터 전쟁에서 역전의 기회를 노려야 하는데 이를 위해서 무엇보다 효율적으로 데이터를 수집하면서도 개인의 프라이버시나 기업의 지적 재산을 지킬 수 있는 AI 데이터 관련 제도를 정비하는 일이 중요합니다. 그리고 우리나라 기업들이 데이터를 공유하는 긴밀한 협업 시스템을 구축하는 것이 너무나 중요한데, 이를 위한 시장 환경을 조성하는 것이 정부의 역할이라고 할 수습니다.

한국이 AI 혁명에서 앞서갈 수 있다면 심각한 인구 감소 문제도 어느 정도 보완이 가능할 텐데요. 이런 혁명을 이루기 위해서 무엇보다 중요한 것이 바로 사람입니다. 유능한 AI 연구자들이 한국에 남아 있을 수 있도록 충분한 R&D 예산을 제공하고, 이를 통해 AI 생태계가 바로 우리 한국 땅에서 만들어지도록 유도하는 것입니다. 그리고 더욱 중요한 것은 AI와 다른 분야, 예를 들어 AI가 로보틱스나 바이오 산업 같은 다른 산업들과 쉽게 융합할 수 있는 초연결 연구 환경을 구축해야 합니다. 안타깝게도 현재 한국의 연구 개발 환경은 각 분야별로 철저하게 분절화되어 있는데, 이를 융합하고 통합하는 연구 환경을 조성하는 것 또한 결국 정부의 몫이라고 할 수 있습니다.

이렇게 AI 혁명에서 역전의 기회를 찾는 방안은 우리의 수많은 가능성 중 극히 일부에 불과합니다. 우리가 진지하게 미래를 고민한다면 모든 분야에서 재도약의 기회를 찾아낼 수 있습니다. 이를 위해서는 정부와 정치권의 역할이 정말 중요합니다. 한국의 국가 경제 시스템이 지금 피크를 치고 점점 하락의 길로 빠져드는 상황에서 정부와 정치권이 당장 눈앞의 인기에 영합해 국가의 남은 자원을 부동산과 같이 국가 경쟁력과 무관한 분야에 쏟아붓도록 유도하는 행태가 반복된다면 한국 경제를 살릴 수 있는 마지막 기회마저 날리고 말 것입니다. 다행히 우리나라는 아직 저력을 갖고 있는 나라입니다. 지금이라도 나라를 위해 일하는 사람들이 청년들의 미래, 진정 우리 모두의 미래를 진지하게 함께 고민하기 시작한다면 아직 우리에게는 무한한 기회가 남아 있습니다.

트럼프 2.0 시대

초판 1쇄 인쇄 ㅣ 2024년 10월 29일
초판 35쇄 발행 ㅣ 2025년 2월 3일

지은이 ㅣ 박종훈

펴낸곳 ㅣ 글로퍼스
펴낸이 ㅣ 박종훈
등 록 ㅣ 2024년 6월 4일 제2024-162호
편 집 ㅣ 조예원
디자인 ㅣ 스튜디오41

이메일 ㅣ econopunch@gmail.com
유튜브 ㅣ https://www.youtube.com/@kpunch
ISBN ㅣ 979-11-989876-0-0 (03320)